中國學術思想 研究輯刊

十二編

林慶彰 主編

第45冊

羅近溪哲學之研究

李德材 著

花木蘭文化出版社

國家圖書館出版品預行編目資料

羅近溪哲學之研究／李德材 著 — 初版 — 新北市：花木蘭文
化出版社，2011〔民100〕

目 2+160 面；19×26 公分

（中國學術思想研究輯刊 十二編：第 45 冊）

ISBN：978-986-254-685-7（精裝）

1.（明）羅汝芳　2. 學術思想　3. 哲學

030.8　　　　　　　　　　　　　　　　100016210

ISBN-978-986-254-685-7

中國學術思想研究輯刊

十二編　第四五冊　　　　　ISBN：978-986-254-685-7

羅近溪哲學之研究

作　　　者　李德材

主　　　編　林慶彰

總　編　輯　杜潔祥

出　　　版　花木蘭文化出版社

發　行　所　花木蘭文化出版社

發　行　人　高小娟

聯　絡　地　址　新北市永和區中正路五九五號七樓

　　　　　　電話：02-2923-1455／傳眞：02-2923-1452

網　　　址　http://www.huamulan.tw 信箱 sut81518@gmail.com

印　　　刷　普羅文化出版廣告事業

封面設計　劉開工作室

初　　　版　2011 年 9 月

定　　　價　十二編 55 冊（精裝）新台幣 90,000 元

羅近溪哲學之研究

李德材　著

作者簡介

李德材，台灣彰化人。1961 年生。台中師專畢業（1981），台灣大學中文系學士（1987），東海大學哲學碩士（1991）、博士（1997）。現任朝陽科技大學通識教育中心專任副教授。主授「人生哲學」、「心靈經典導讀」、「電影與生命教育」等通識課程，主要學術領域為先秦儒道哲學之現象學詮釋。

提　要

　　本文以羅近溪哲學為主要研究對象，並對比於王陽明良知學與泰州學派之發展，旨在形構羅近溪哲學之整體系統，並抉發其特殊理境，以為當代儒學發展之借鏡。全文除緒論與結論外，共分為五章。全文各章之主要論證程序與研究成果如下。

　　第一章主要據前輩學者（牟宗三先生）之研究成果，扼要地指出陽明學之根本精神，乃依一超越的道德主體（良知天理）作為存有論表述之根據與工夫主力；並進一步據文獻考察泰州學派王心齋前後期論學之章法、旨趣，比較其與陽明學間之傳承關係與歧異之處，指出晚期王心齋論學已有滑落陽明良知天理超越義之傾向，並點出依「百姓日用是道」之根本精神，推展儒學普世化工作乃泰州學派之特殊論學風格與根本精神方向。

　　第二章首先就近溪個人特殊生命存在感受、成學歷程中之關鍵事件及主要師友關係，作一哲學性之省察，指出近溪對本體之體悟與儒學實踐之關懷，並透過對比性研究，指出近溪並非如陽明之從主體性之良知天理，而是依從《易》天道論之面向以表述本體，而在工夫上則提出一頓教意義下「性地為先」之工夫進路，且點出其哲學精神與泰州學派（王心齋）間之歷史傳承關係。

　　第三章主要是進一步細部論證、形構近溪之本體論。首先，在本體論模型方面，我們考慮了牟宗三先生針對中國儒家所提出的「本體宇宙論」對近溪哲學之適用性，以點出其「聖人因道設教」之特殊本體論表述模式。其次，我們指出近溪已取消陽明意義下「理氣超越區分」之根本精神，其所言之心的首出義只是一瀰漫天地的「生生之理」，並於此「理氣圓融」之基礎上，細究其所謂的「心之精神之謂聖」的特殊精神境界。最後，我們研究其對《中庸》「天命之謂性」之特殊詮釋方式，及其與泰州學派盛言之「百姓日用是道」間之理論關聯。

　　第四章據近溪本體論之種種特質，以勾勒、形構其整套之工夫論體系。首先，在工夫論之基本格局與展開模式上，我們指出其頓教義的「大人之教」與陽明漸漸教法之歧異，及二人工夫次第論之根本分歧，進而探討近溪依《大學》所展開的工夫系統與王心齋之關聯。其次，我們分別探討了近溪「性地為先」（悟本體）進路下之工夫論：信、悟、默識等之工夫意涵。再者，就具體道德實踐歷程而言，亦指出其對慎獨與克己復禮、「時」等觀念之特殊理解。最後，並點出「孝弟慈」等倫理實踐在其工夫系統中之重要意義。

　　第五章主要探討近溪之「破光景論」、論學旨趣與特殊風格。首先，在光景論部分，我們先指出光景問題在明代心學中之存在意義，進而探討近溪對破光景問題之特殊體證與運用，及其與近溪哲學特殊理境之關聯性。其次，我們一一檢討當代學者對近溪論學旨趣與特殊風格之評斷，並試圖透過種種對比與批判，尋找某種如實相應於近溪學習之整體評論。最後，我們對照並借助於佛教華嚴宗之根本精神與特殊理境，在去異存同後，進一步抉發理解近溪此一特殊哲學理境之思維模式。

　　結論則回顧本文之主要內容，並評論近溪哲學之存在意義及其在實踐上所引發的一些問題與限制。

目

次

緒　言

一、本文之研究動機與目的

羅汝芳，字惟德，號近溪，江西南城人。生於明正德十年（西元 1515 年），卒於明萬曆十六年（西元 1588 年），一般被認爲是王門泰州學派的代表性人物。

但是，羅近溪的思想一向不易捉摸，故歷來研究研究者較少。自從牟宗三先生著意點出近其思想之成就與特質後，近二十多年來，海峽兩岸學界對羅近溪思想之研究已有某些研究成果。但到目前爲止，學者們對近溪學之理解仍有相當大的歧異。這一方面固是近溪思想本身之特殊風格難以掌握，但更主要的可能是其思想之定位與詮釋進路的問題。

更具體地說，這首先涉及近溪思想與陽明學及泰州學派間之關係。在當代學者對詮釋方式上，例如，牟宗三先生是以陽明之義理軌範爲標準，再看王門諸子之義理合不合乎（精熟不精熟）於王學，而判定其在陽明學中之份位。在這區判標準下，牟先生認爲江右王學中以鄒東廓等人爲順適，聶雙江、羅念菴則爲王學之歧出者……至於泰州學派，人物雖駁雜，但三傳而有羅近溪之精純，並視其亦爲陽明學之調適上遂者。〔註1〕但是這種詮釋與區判方式，很可能會使被詮釋者喪失其思想發展之能動性與獨特性而只淪爲某某學派發展下之附庸。〔註2〕

〔註 1〕有關牟宗三先生對近溪哲學及王門諸子之論斷，請參見《從陸象山到劉蕺山》（台北：學生書局，1979 年），第三章：王學之分化與發展。

〔註 2〕例如，龔鵬程先生即反對泯除個別思想家之獨立性與差異性，而純從某一義

　　蓋就成學歷程而言，羅近溪十四歲時陽明去世（明嘉靖七年，西元 1528），比王龍溪（西元 1498～1583）晚六年去世。相較於龍溪早年即得親炙於陽明門下，羅近溪雖被號稱爲王門泰州學派三傳弟子，但並無緣親炙陽明門下。而且，在其早年致力求道而挫折致病之歷程中，雖曾聽父親前鋒公之建議讀陽明《傳習錄》，乃至陸象山、楊慈湖（龜山）諸書，而「病雖小瘥，終沈滯不安」，亦即，相較於其他王門諸子，近溪求道的歷程，並不見得是以陽明致良知爲共同之文本典範；反之，據近溪自述，直接回歸《論語》、《孟子》、《大學》、《中庸》等孔孟精神才是其學問宗旨之所在。事實上，其後近溪受學於泰州學派之顏山農以及悟道（學易）於胡宗正等，才是其成學之主要關鍵。當然，就當時王學滿天下之時代氛圍中，近溪與王門諸子間亦有許多針對陽明學而有之講會、論辯往來，其學說和陽明學本身當有一定的關係，但把它直接視爲直接承繼陽明學之發展而來，是相當有問題的。

　　進一步說，就其哲學內容而言。牟先生以道德主體義的「良知之天理」來詮釋陽明對本體之體證內涵，並據康德實踐理性自立道德法則一義，將陽明之良知教推衍成一套「本體宇宙論」意義下的「自律倫理學」系統，此無疑地拓深陽明學之義理宏規，但這一套理論系統是否適合於羅近溪，卻也是不無疑問的。反之，只要我們進一步細究，將會發現，近溪所體證的本體內涵，其首出義可能也不是陽明知是知非義之道德主體，而只是一非道德義、非主體義而瀰漫於天地間之「生生之理」；至於工夫論、教法上、破光景論及終極理境等，亦和陽明有很大之歧異。據此，我們並無必然的理由，要如牟先生般把近溪哲學放在陽明學之義理規模下加以論斷；反之，我們是可以將近溪之哲學體系作爲爲一獨立之文本而加以研究。

　　因爲，若我們承認宋明理學家之特質是一種體驗性的「生命的學問」，則我們顯然必須對某些具有原創性之理學家，其對本體之特殊體證內容或表述方式，及其因個人性之歷史因緣與特殊生命氣質等所形成的工夫進路予以特殊之關注；當然，另一方面，個人思想之形成與發展又不能脫離該時代之「共同文本」，例如羅近溪時代之陽明心學、佛教氛圍、社會文化脈動等。

　　　理標準，甚至粗略的學派劃分之觀點，對思想家作論斷。參見所著〈羅近溪
　　與晚明王學之發展〉一文，頁 237～240，《中正大學學報》（人文台灣：中正
　　大學，1994 年 10 月），卷 5 第 1 期。第五卷第一期（人文分冊），民國 83 年
　　10 月。

二、本文研究方法

　　面對某一哲學家之理解或詮釋，必然要面對文獻的問題。這方面，牟宗三先生所標示的「文獻途徑」之詮釋進路仍是具有典範意義的。〔註3〕依牟先生，所謂的「文獻途徑」，並非考據訓詁式之歷史研究進路，而是面對文獻時，首先必須對該哲學家所創造的智慧之背景、氛圍與脈絡有一相應之理解，即一「生命存在感受」之相互呼應。就這層次而言，嚴格來說，亦無所謂特定意義之研究方法。因為既是一種生命存在感受之相呼應，則它本是超越語言、概念表述之範圍，則任何特定方法的預設都將對此生命存在感受之呼應造成某種限制；因此，先通過文獻本身作一長時間之浸淫、體證工作，便是某種「方法」。

　　我初接觸近溪相關文獻（尤其是《盱壇直詮》）時，便被它那種文句所呈現的某種特殊理境之「美」所吸引，只覺得其中自有無盡藏蘊焉。但起初這種美的境界是朦朧的、概念上是飄忽不定的，對照於陽明之義理軌範好像也不是，似乎是超越於任何理論、概念系統之限定的。然則，在一段時日之浸淫、反覆玩索，自身存在感受體之驗之，甚至是抑鬱、挫折之後，這些文句、概念才慢慢有一清晰之輪廓；至此，一種「驀然回首」的感覺於焉呈現，原來，它們也是各有其分位的，也是可以被如實掌握的。或許，這便是牟先生所謂的，在對文獻作一存在感受之呼應後，自能對文句概念有一恰當之了解，進而看出問題之所在了。通過概念理解而掌握某些關鍵問題，就這層次而言，作為一種學術研究模式，「方法」顯然是必要的。

　　這方面，若不限定於哲學史研究，勞思光先生所謂的「基源問題研究法」對本文仍是適用的。基本上，勞先生之「基源問題研究法」乃綜合三種方法：發生研究法、解析研究法及系統研究法，取長截短之後而形成的。勞先生說：

　　　　所謂「基源問題研究法」，是以邏輯意義的理論還原為始點，而以史
　　　　學考證為助力，以統攝個別哲學活動於一定設準之下為歸宿。〔註4〕
就史學考證（發生研究法）來說，有關近溪年譜、相關著述及講學、交遊活動之歷史考證工作，既已有學者做出細密之考察，本文擬不贅；但將據其特

〔註 3〕參見牟宗三先生「研究中國哲學的文獻途徑」一文，《鵝湖月刊》，民國 74 年
　　　　7 月。
〔註 4〕參見勞思光先生《中國哲學史》（冊一），卷一，頁 16。三民書局：民國 70
　　　　年。

殊的生命感受、成學重要經歷及主要師友淵源中足以決定其哲學關鍵者，作
一哲學式之省察，以掌握其哲學之特殊方向。就邏輯意義之理論還原（解析
研究法）來說，本文將依傳統儒學之表述方式，分別就近溪之本體論與工夫
論作一細部的考察與論證，使其所提出的主要命題獲得一完整之理論展示。
至於統攝個別哲學活動於一定設準之下（系統研究法），則是本文研究之主要
方法。我們希望透過對近溪哲學之整體考察，使其所提出之各個命題皆能各
如其分地被統攝於其哲學系統下，並在不違背其哲學根本原理之範圍內，進
一步地「形構」其理論體系，以抉發其哲學之特殊理境，並拓深其哲學的意
義與價值。這方面，我們將進一步運用到所謂的「比較」（對比）研究法。對
此一方法之運用，沈清松先生有一段說明頗有助於本文此一研究取向之釐清：

> 構設一套對比的方法學，就是建立一套運作的程序，堪將吾人計劃
> 所針對的種種對象，判其統一，別其差異，求能在最後階段將這些
> 許多既統一又差異的對象在吾人創新的實踐中予以綜合。一方面，
> 對比方法所分辨出來的種種差異，正表示在各對象之間存在著一種
> 不安的距離，此不安的差距足以驚醒吾人以朦朧的方式尋求統一之
> 美夢，隨後振奮而起，尋求一條更正確更深入的道路。另一方面，
> 對比方法亦顯示出這些研究對象彼此在源起上、在結構上的同質
> 性，因而昭示他們皆共同隸屬於歷史運動的歷程和存有創進的韻
> 律，令吾人能在其中安頓自己的存在，亦使吾人的行動有所憑
> 恃。……若深入反省，吾人便可肯定：共同隸屬和採取距離，此即
> 蓬勃大有的生生之德透過歷史中各種存在和各種思想來自顯的規
> 律。共同隸屬和採取距離，此亦吾人藉以參與生生不已的存在韻律
> 之規則。〔註5〕

就本文而言，對比之對象主要是就近溪哲學與陽明學及泰州學派間，尤其是
其創始者王心齋（西元 1483～1541）哲學間之對比。而本文所謂的對比，亦
非如學者之以王門諸子間，為詮釋、理解共同文本（陽明學），而論學、往來
而影響思想發生歷程意義下之「互動關係」。〔註6〕蓋如前述，近溪既非直承

〔註 5〕 參見沈清松先生《現代哲學輪衡》，頁3，黎明文化事業公司：民國74年。
〔註 6〕 如林月惠先生即從聶雙江、羅念菴與王門諸子間交遊、論學之互動關係，對
　　　　二人思想之發生歷程之影響及其間之轉折關係，做相當細密之考察與論證。
　　　　見所著《良知學的轉折：聶雙江與羅念菴思想之研究》，台大中文研究所博士
　　　　論文：民國84年6月。

陽明學而發展，甚至，其與泰州學派間，除顏山農外，其與王心齋間雖有某種程度之思想傳承關係，但亦未形成實際論學往來之互動關係。再者，近溪與當時如江右與浙中王門諸子間，固亦有某種程度之論學、往來，但就現有少數文獻看，亦未見形成影響其關鍵思想之互動關係。故基本上，本文所謂的對比，仍是以此三者爲獨立之文本，而比較其間之異同關係。透過三人異同關係之對比，我們將看到近溪與陽明，雖同言致良知，但卻有根本之歧異；而王心齋早年固在陽明思想之籠罩下，但其晚年成學後所提出的「安身格物」等論點，卻亦已漸離陽明學之軌範；而羅近溪之得力於王心齋處，卻從此安身格物等命題爲始點，並提出一套異於陽明之特殊存有論與工夫教法。對本文而言，透過對比方法之運用，一方面將有助於形構近溪哲學之整體系統，並深究其系統之限制所在；另一方面，儘管近溪與陽明二人對本體之體證與工夫教法上有所不同，但畢竟皆共同隸屬於儒門傳統，亦因此而豐富了儒學之傳統，這也是近溪哲學存在之主要意義與價值。

三、全文之重要綱領與論證程序

據上述研究方法並爲達成研究目的，本文各章節之主要綱領與論證程序如下：

第一章將據前輩學者（主要是牟宗三先生）之研究成果，扼要地指出陽明學之根本精神，並進一步據文獻考察王心齋前後期論學之章法、旨趣，比較其與陽明學間之傳承關係與歧異處，從而點出其作爲泰州學派創使者之特殊論學風格與精神方向。

第二章將先就近溪個人之特殊生命存在感受、成學歷程中之關鍵事件及主要師友關係，作一哲學性之省察；並透過對比性研究，指出其與陽明本體體證與工夫進路間之主要差異，從而點出其特殊之論學方向、哲學精神與泰州學派（王心齋）間之歷史傳承關係。

第三章主要將進一步細部論證、形構近溪之本體論。首先，在本體論模型方面，我們將先質疑牟宗三先生針對中國儒家所提出的「本體宇宙論」對近溪哲學之適用性，以挖掘其本體論表述之特殊模式。其次，我們將再對比於陽明而探討近溪論「心」之特殊存有論意涵，並指出此一特殊意涵乃奠基於其理氣圓融之基礎上，從而細究其所謂的「心之精神之謂聖」的特殊境界。最後，我們將研究其對《中庸》「天命之謂性」之特殊詮釋方式，及其與泰州

學派盛言之「百姓日用是道」間的理論關聯。

第四章將據近溪本體論之種種特質，試著勾勒、形構其整套的工夫論體系。首先，在工夫論之基本格局與展開模式上，我們將對比其與陽明對「教法」理解上之歧異，及二人工夫次第之根本分歧，進而探討近溪工夫展開系統與王心齋之關聯。其次，我們將研究近溪所謂的「性地爲先」（悟本體）進路下之工夫論：信、悟、默識等之工夫意涵。再者，就具體道德實踐歷程而言，將研究其對愼獨與克己復禮、「時」等觀念之特殊理解。最後，並點出「孝弟慈」等倫理實踐在其工夫系統中的重要意義。

第五章主要將探討近溪之「破光景論」、及其論學旨趣與特殊風格。首先，在光景論部份，我們將先指出光景問題在明代心學中的意義，進而探討近溪對破光景問題之特殊體證與運用，及其與近溪哲學特殊理境之關聯性。其次，我們將一一檢討當代學者對近溪論學旨趣與特殊風格之評斷，並試圖透過種種對比與批判，尋找某種如實相應於近溪學風之整體評斷。最後，我們將對照並借助於佛教華嚴宗的根本精神與特殊理境，在去異存同後，進一步抉發近溪此一特殊哲學理境之思維模式。

結論將回顧本文的主要內容，並評論近溪哲學在實踐上所可能引發之一些問題與限制。

第一章　王陽明良知學之基本意旨與泰州學派之特殊傳統

　　本章計分二節，旨在勾勒陽明良知學之義理綱維，及其後泰州學派之特殊發展，以明其與羅近溪哲學間之歷史傳承與曲折關係，並作爲下文討論近溪哲學的義理基礎。關於陽明良知學部份，前輩學者論之已詳且體系完整，故本文只重在良知學義理基礎之勾勒，而略過細部之論證過程，對有關文獻亦不一一徵引。有關泰州學派（以王艮爲主）及其與陽明學間之曲折關係，學者之見頗爲分歧，故於此，本文著墨較多，以期能釐清其間之曲折關係。

第一節　王陽明良知學之基本意旨

　　基本上，王陽明（西元 1472～1528）哲學之義理歸趨是孟子學。但是，眾所皆知的，其思想體系是通過對朱子學之批判而建立的，並非如陸象山之直承孟子而來。在陽明出生前，朱子學歷經二百多年的發展，早已形成一套嚴密的哲學體系而廣爲世人所接受。陽明成學之歷程中也曾被朱子學所籠罩而苦無出路，其後，朱子更是其哲學上之主要論敵。其中，朱子析心與理爲二是問題關鍵之所在。

一、心即理說之理論意涵

　　簡言之，在朱子學中，理是萬物之所以存在之存有論根據，是一普遍而超越、靜態而客觀的「存在之理」。此理在物爲物理，在人則爲性理，而天下萬事萬物莫非此整全的理之分殊呈現。因而，吾人即可通過一「即物窮理」的方式

使吾心明白事事物物之理，以爲道德實踐之規範根據。然而，在朱子學系統中，此心雖可通過「敬貫動靜」之涵養工夫而達致「心靜理明」之境地，但此心終究只是形下的「氣之精爽」，與超越的形上之理間仍有異質異層之區隔。落實於道德實踐而言，朱子之理正類似康德所謂的「理性的圓滿性概念」。但誠如康德所指出的，吾人若依此空洞而不確定的概念作爲道德理性之實踐原則，則當吾人眞要發動道德行爲時，亦未必眞能從此浩瀚無涯的可能之理中發現適合吾人行動之最高根據。〔註 1〕依此，縱使吾人可達致朱子所謂的心靜理明之境地，在道德實踐上亦將有茫然不知何處下手之感。再者，道德行爲須具體地對境而發，則單依此抽象而隱微的存在之理，如何能「泛應曲當」於一一個別行爲。〔註 2〕要之，依朱子即物窮理之方式講道德，則道德主體（心）無法挺立：理非由心發，心亦非即理，如此，道德實踐之根據與動力無法彰顯。

事實上，對朱子析心與理爲二所形成之道德實踐困境，陽明直到三十七歲龍場悟道後始獲得解決。其悟道後所謂的「聖人之道，吾性自足」中的「性」便不再只是朱子思想中作爲萬物存在客觀根據之「性理」。依陽明，此性此理原本不假外求，而即存在吾人心中。更進一步說，陽明於此大剝落後所證悟的原是一「無人我之界，物我之限，頓時即涵蓋乾坤而爲人生宇宙大本」之仁體眞心。〔註 3〕如此，陽明乃凸顯了心之主體意義，以作爲道德實踐之主觀根據。顯然，此心並非如朱子所謂的氣之精爽，而是一形上的天心或道心。其後，陽明即依此展開對朱子之批判，而逐漸形成其哲學體系。

陽明指出朱子析心與理爲二之主要弊端有二：分知行爲二與義外之說。就前者而言，即如上所述，朱子未能當體肯定此心之主體意義，以致形成道德實踐上之支離與困境。陽明則肯定此心當體即是「理之在其自己」的呈現：「這心之本體，原只是個天理，原無非禮」（《傳習錄・薛侃錄》，第一二二條）。〔註 4〕現實上，人不免因氣質私慾之蔽而心之本體（道心）不能呈現，當人能自覺的經過一番道德純化、鍛鍊之工夫，去除私慾習氣之蔽，以復此光明之

〔註 1〕 參見康德《道德底形上學之基本原則》，牟宗三先生譯《康德的道德哲學》，頁 89，學生書局：民國 74 年。

〔註 2〕 參見牟宗三先生《心體與性體》，冊一，頁 109，正中書局：民國 74 年 8 月。

〔註 3〕 參見牟宗三先生《生命的學問》，頁 165，三民書局：民國 69 年 6 月再版。

〔註 4〕 本文引用《傳習錄》皆據陳榮捷先生著《王陽明傳習錄詳註集評》一書，學生書局：民國 77 年 2 月修訂再版。下引該書將直標篇名、條碼而不另加註。另本文引用陽明其他文獻則據《王陽明全書》，正中書局：民國 68 年 10 月台六版，亦將直標篇名而不另加註。

本體，則此心當體即是理之呈現。依此主體之心所自發之理則以從事道德實踐，自能顯現道德實踐之勁道，亦能對境而發，自無朱子析知行爲二的困境。

就「義外」而言，朱子是把理視爲客觀地存在於外物中，陽明則謂「此心在物爲理」。依陽明，所謂的忠孝仁義信等道德事理，實只是就吾心因應不同對象而有之呈現模式而言，實皆爲吾心所自發的，非謂眞有一客觀不動之理存在於事物中而待吾人窮究。故陽明謂：「以此純乎天理之心，發之事父便是孝，發之事君便是忠，發之親友治民便是信與仁」（《傳習錄・徐愛錄》，第三條）。剋就「此心在物爲理」中心與理之理論關係而言，謝仲明先生曾順著牟宗三先生之思路而予以一完整的哲學闡釋：就邏輯而言，心與理乃是一對等價概念，有是心即有是理，有是理即有是心，心與理互爲充分及必要條件；就「源頭模型」而言，心與理乃若源頭與流水，心是理之發源處，理是心之展開；就存在而言，心與理乃指涉同一連續體之兩方面，心就此連續體之源頭說，理就此體之定相（展開相）而言；就道德實踐而言，心與理只是一體（心）之展開相（理），此心遇物（對象）即能自發一道德理則以因應之，心亦因此而呈現爲一定相或展開相，此即爲理。〔註5〕

要之，心即理說實是貫穿於陽明學中之核心意旨。綜觀其論學之歷程，龍場悟道後之次年（三十八歲）倡「知行合一」說，其後亦曾主「默坐澄心」之涵養方式，並於四十三歲時提出「存天理去人欲」之論，凡此皆可視爲依心即理義蘊而有之道德實踐工夫。直到四十九歲時提出「良知」這一教言，並於隔年正式揭示「致良知」宗旨，其聖學義理之發展始告成熟，而心即理說之意蘊亦得以整體呈現。

二、良知之明覺感應與天理

據年譜記載，陽明點出良知二字作爲道德工夫的主腦是積蘊胸中多年的成果，故當此語一出「學問頭腦，至此已是說得十分下落」。事實上，陽明是以良知一詞來說前述之道心或心之本體，也用以指涉天理一詞。對陽明來說，這有何特殊意義呢？

就語用淵源看，陽明良知二字顯然出自孟子之「良知良能」一語。依孟子，良知與良能實指同一道德主體，即本心。本心發而爲四端之心，陽明則

〔註5〕以上所述參見謝仲明先生《儒學與現代世界》，頁 50～53，學生書局：民國75 年 2 月初版。

凸顯了知是知非之智心而言良知，並以智心（良知）貫穿於仁義禮等心德之全體，以彰著並維持心之超越性、涵蓋性、主宰性與純粹至善性。〔註6〕更進一步說，孟子思想中心性天三者於本體上雖可貫通爲一，於工夫上尙以「盡心知性以知天」來表示其踐履進層，並凸顯了「性命對陽」之義理：一方面正視道德實踐客觀限制（命）之問題；另一方面則依本心性分不容自已之實踐勁力充其極以立命。相較之下，陽明則於本體上將心、性、天、命、理等俱收攝於良知而言之，工夫上亦以致此良知爲主腦。其謂：「緣天地之間，原只有此性，只有此理，只有此良知，只是一件事耳」（《傳習錄‧答聶文蔚》，第一八八條），正是此意。

依陽明，良知當體即是一眞誠惻怛之道德本體，然其並非一寡頭存在之本體。良知依其本體上生生不息之實踐動力，時時呈顯其虛靈明覺之感應作用以從事道德活動，故陽明謂：「心無體，以天地萬物感應之是非爲體」（《傳習錄‧黃省曾錄》，第二七七條）。「感應之是非」即良知明覺作用之具體內容：道德判斷上知是知非之理。明覺係就本心「虛靈不昧」處言之，則此感應活動是無時或已的。因此，良知實爲一「即存有即活動」之內在活靈。〔註7〕進一步說，良知之知（其明覺感應），作爲一種「德性之知」，並非經驗意義上主客對列之認知活動及其成果，亦非朱子格物窮理意義下之「道德知識」或存在之理，而是指此既超越又內在的道德主體，其自我覺知（自我明覺）及此明覺感應於物之歷程或狀態。〔註8〕在具體的道德活動中，良知是一鑒臨於吾人意念上之恆照實體，其時時知是知非而是是非非，又時時而反歸於其覺照之自體。因此，我們可以說，良知之明覺感應是「即寂即感」、「即體即用」、「即動即靜」、「無妄無照」、「即中即和」，無前後內外之分而渾然一體的。〔註9〕而所謂的致良知，亦「只是那良知明覺隨時呈露時之震動，通過此震動而反照其自己」，〔註10〕一切只是良知自體明覺之自照。

良知既是一切道德活動之主腦，那如何使良知自體之覺照具有客觀性而

〔註6〕 牟宗三先生《從陸象山到劉蕺山》，頁260～261，學生書局：民國68年8月初版

〔註7〕 同註2，牟宗三先生《心體與性體》，冊一，頁168～169。

〔註8〕 參見馮耀明《中國哲學的方法論》，頁41，允晨叢刊：民國78年9月。

〔註9〕 這方面，請參閱蔡仁厚先生〈王陽明對心性工夫的指點……《傳習錄，答陸元靜第二書》疏解〉一文，中華文化學報，創刊號。

〔註10〕 同註6，頁231。

證成道德實踐活動之普遍必然性呢？這裡，陽明將主體之良知與天理連繫起來。在朱子的系統中，天理作爲一道德規範之整體，固是互古長存而遍在的，卻是一靜態的存有之理。陽明固亦肯認天理之客觀恆存性，卻在存有論上將它與主體之良知等同起來，故曰：「天理在人心，互古互今，無有古今，無有終始，天理即良知」（《傳習錄・黃省曾錄》，第二八四條）。只要德性工夫純熟，則心之所發無非是天理之呈現：「心之官則思，思則得之，思其可少乎。沈空守寂，與思索安排，正是自私用智，其爲喪失良知一也。良知是天理之昭明靈覺發現處，故良知即是天理。思是良知之發用」（《傳習錄・答歐陽崇一書》，第一六九條）。「思」是德性工夫操存之最內在根據，此即爲吾人本心良知之發用。只要工夫純熟自然，意氣去盡，則本心良知之呈露處，即是天理之昭明靈覺發現處（知是理之靈處）。就超越面而言，天理是道德行爲之客觀根據；就內在面而言，天理亦不外吾心良知之發用。則天理雖客觀亦主觀，雖超越亦內在，故陽明總言「良知之天理」。其所謂「天命之性，粹然至善，其靈昭不昧者，皆具至善之發見，是皆明德之本體而所謂良知者也」〈大學問〉。即對此良知之天理至善性之描述。內在於陽明心學來說，良知與天理之並言，將確保良知感應之道德意涵，使其明覺不虛懸而必實落於事事物物中，陽明所謂的「致吾良知之天理於事事物物，則事事物物各得其理矣」（《傳習錄・答顧東橋書》，第一三五條），即指此意。這即牽涉到致良知之工夫問題。

三、致良知之工夫意涵

依陽明，在存有論上，此良知聖性乃人人本具的，是圓滿自足的；但在現實上，良知聖性之充分實現則有待德性工夫以致之。所謂的致良知，即是以良知自身作爲工夫之主腦，通過對習氣私慾之淘汰融攝或轉化作用，使良知能在自家生命中起主宰作用，並貞定道德行爲者。這必然牽涉到身心轉化或蛻變之整體歷程，陽明將它納入身心意知物之結構中加以說明。

分析地說，陽明謂「身之主宰便是心，心之所發便是意，意之本體便是知，意之所在便是物」〈大學問〉。心是道德行爲之發動者，然其發動須通過身之行爲表現（形體之運用）始有落實之可能，故謂心是身之主宰者。心本身雖只是一虛靈不昧之活動體，當其遇事時卻能發動而具體地形成一應物之道：意，故謂心之所發便是「意」。而意正好是身心間之中介者，意若隨本心而發自是善的，若本心昏蔽不顯而順軀殼起念則爲惡，此時良知自能超越地

鑒照之，故謂知是意之本體。又，意不虛懸，其具體化必透過行為表現（事）而呈現，此事（物）可名為「行為物」，而實即吾人意念底內容，故謂「意之所在為物」。如此，身心意知物乃成為吾人道德實踐歷程中所逼顯出之層次與條理，是一不可或缺之整體環節，故陽明謂之「工夫所用之條理」而只是「一物」；相應於此條理之工夫則有大學中所言之修身、正心、誠意、致知、格物等「條理所用之工夫」，亦只是「一事而已」。誠如陽明所指出的，修身在於正心，然心之本體無不善，意之動始有善惡可言，故工夫入手處惟在誠意，而其要只在致知（致良知）。蓋良知作為一絕對至善之本體，如上所述，是一無時無地不在起感應是非大用之活體；亦原是一不賭不聞又能戒慎恐懼之「獨體」：無聲無臭獨知時。不論意念之已發或未發，此常寂寂常惺惺之獨體自能超越地鑒臨而覺照之，這正是一切王霸義利誠偽善惡之關鍵處，而所謂的誠意或慎獨功夫，亦只是提撕、警醒此良知獨體，而常保其生機不息、活潑不已之戒慎恐懼之念（戒懼亦是念），使其「照心」常運而已。如此，致知實為誠意之本。

又誠意亦不能懸空而為，必實有其事，其極致必就意所在之物而去人欲存其天理，使良知在此事物中無所蔽而意始誠，此即牽涉到格物之功夫。陽明解格物之格為「正」：正其不正以歸於正，這即是「必有事焉」之「集義」功夫，或「事上磨練」（於事上做為善去惡之功夫）之實義。然而，落實地說，所謂的格物，亦只是隨時就事上致其良知之意。只有物無不正，良知之知始充其極而無一毫虧欠障蔽，無有餘憾。

剋就致良知功夫本身而言，陽明解致為「至之」之意，即向前推致或充擴之意，而這首先須通過一「逆覺體證」之功夫。良知於日常生活中雖時時呈露，然不加警覺則稍縱即逝，能於其呈露時善加警覺、提撕而當下肯認或體證之，是為逆覺體證。〔註11〕基本上，這是逆反於吾人自然習氣生命而肯認一超越的道德主體（本心良知）之存在，良知一經體證，則其明覺之大用與即知即行之動力，將使私慾無所遁形，其謂「人若知這良知訣竅，隨他多少邪思，這裡一覺，都自消融；真是靈丹一粒，點鐵成金」（《傳習錄‧陳九川錄》，第二○九條），正是此意。依陽明，良知之發見流行，當下具足，自有其輕重厚薄，天然自有之中，若真信得過，只需順這良知之大用擴而充之，

〔註11〕同上，頁 230。

無往而非道，無處不是天理之流行，更不假外求。〔註 12〕這是陽明致良知功夫之簡易直截處。

更進一步說，不論才力之高低，只要著實地致良知，則人人皆可成為聖人。因為在存有論上，良知聖性非但人人本具，圓滿自足，且聖人與愚人完全相同：「自己良知，原與聖人一般，若體認得自己良知明白，即聖人氣象不在聖人而在我矣」（《傳習錄・答周道通書》，第一四六條）。在「成色分兩」論中，陽明以精金之成色與分兩為喻指出，聖人如文王、孔子、禹湯等人，雖才力（金之分兩）上有所不同，然其為聖之本質（金之成色）則同一。因為，聖人之所以為聖，乃在於其心之純乎天理，才力之多寡並不影響其為聖之本質。〔註 13〕因此，成聖是人人可期的。然則，在現實上，聖凡終究有別，且聖人亦不多見，那聖凡之別又在哪裡？依陽明，其別只在能不能著實致良知而已：「良知良能，愚夫愚婦與聖人同，但惟聖人能致其良知，而愚夫愚婦不能致，此聖愚之所分別」（《傳習錄・答顧東橋書》，第一三九條），這是從功夫上說聖愚之別。

進一步說，陽明亦深刻地體悟到道德功夫之艱辛歷程與無窮性。人之私慾正如地上塵，一日不掃便又生一層，因此，只要私慾一日不息，致良知功夫亦無時可已。其所謂的「著實用功，便見道無終窮，愈探愈深」，便是說此道（功夫歷程）之無窮性與深邃性。依陽明，誠如上述，良知雖當下具足聖凡皆同，但能否充擴此現成之良知而使自家生命真實受用，則因個人資稟與所用功夫之不同而有程度上之差別，其「聖人之知，如青天白日，賢人如浮雲天日，愚人如陰霾天日」（《傳習錄・黃省曾錄》，第二八九條）之喻，便是此意。這裡，基本上牽涉到聖凡資稟（指先天氣質，非關才力）與功夫層境（深淺）問題。這方面，陽明透過對孟子盡心章之創造性詮釋，以「盡心知性知天」為聖人之「生知安行」，是功夫精熟無跡而「與天為一」之最高境界；「存心養性事天」為賢者之「學知利行」，是戒慎恐懼地致良知以存天理去人欲而「尚與天為二」之次等境界；「夭壽不貳，修身以俟之」為愚者之「困知勉行」，是因夭壽命限之困而向未明天命良知之所在，須勉行不懈以立其命（良知）之境界。陽明並以行路上「奔走往來於數千里之間」、「學習步趨於庭除

〔註 12〕參見《傳習錄・答聶文蔚》，第一八九條。
〔註 13〕有關陽明之「成色分兩論」，請參見楊祖漢先生〈王陽明的聖人觀〉一文，收錄於《儒家之心學傳統》，文津出版社：民國 81 年 6 月。

之間」、「扶牆傍壁而學起立移步」之三階段為喻，來說明聖賢愚三者功夫之層境而不可躐等以求。〔註14〕然而，良知只是一個，亦只有一個致良知功夫，又何以有此三層級之區分呢？依陽明，聖人本體之障蔽較少，對良知體會得親切（生知），以其心純乎天理，故只需「盡」其心即能自然而然地致其良知而達精敏純熟之境地（安行），然此係一相當艱深之境界，並非人人可期的；一般人氣質之障蔽較多，其良知之能在自家生命受用，係學知或困知者，故功夫入手處惟在兢兢業業甚或勉行不懈地致其良知，相較於生知安行，此自是一較簡易而人人可行之入手功夫。因此聖凡間因其資稟之不同，功夫入手處亦有深淺難易三層級之別。因此，就成聖之功夫歷程而言的，陽明強調的是現實上個人資稟分限之不同與功夫層級之差異：

> 人的資稟不同，施教不可躐等，中人以下的人，便與他說性說命，他也醒不得，也須謾謾琢磨他起來。（《傳習錄·黃省曾錄》，第二五一條）

> 諸君功夫，最不可助長，上智絕少，學者無超入聖人之理，一起一伏一進一退，自是功夫節次。（《傳習錄·黃修易錄》，第二四三條）

然而，在另一方面，若就成聖之本質而言，此三層級之區分又不是機械式的截然可斷。依陽明，聖人之所以為聖人，乃因其能保全良知本體而障蔽少，然其兢兢業業，矗矗翼翼，自然不息，便也是一種「學」，只是其生知的成份多，故謂之生知安行；反之，凡人私慾習氣之障蔽多，然其工夫之主腦仍依此當下具足之良知本體，只是其學或困勉之成份多，故謂之學知利行或困知勉行。在這意義上，陽明謂「聖人亦是學知，眾人亦是生知」，「眾人亦率性」、「聖人亦修道」，只是生知率性在聖人份上多，學知修道在凡人份上多而已。。〔註15〕足見，這三層級工夫之區分亦只是因應現實上聖凡資稟之差異而有之權宜劃分，至於具體之道德實踐中，亦只是致此良知之天理而實落於事事物物耳：

> 知行二字即是功夫，但有淺深難易之殊……聖人雖是生知安行，然其心不敢自是，肯做困知勉行功夫，困知勉行的卻要思量做生知安

〔註14〕有關這問題的研究，請參見吳冠宏先生〈陽明對《孟子》「盡心」章之詮釋試探〉一文，收錄於《中國文學研究》，台大中文研究所印行：民國83年5月。本小節以下所述，對該文論點多所資取，特此誌明。

〔註15〕這裡所述，參見《傳習錄》第二二一條及二六五條。

行的事，怎生成得？（《傳習錄‧黃省曾錄》，第二九一條）

蓋良知原本精精明明當下具足，聖人之生知安行，亦不過是能自然而然地依此良知而實落於事物中；凡人則須多一番克制醒覺乃至「人一己百，人十己千」之困勉工夫，以去人欲存天理，方能依此良知以行實事。然聖人之生「知」安「行」也是一種工夫：即知即行，只是工夫純熟近乎無跡而化之高深境界而已。故謂「知行二字即是工夫，但有難易淺深之殊」。且聖人雖能生知安行，卻因其知行之不間斷、功夫之精敏純熟，反而能自然而然地念念醒覺、奮勉不懈而做困知勉行功夫。〔註16〕凡人本須學知利行或困知勉行的，就更需要著實地作念念去人欲存天理工夫而不可間斷了。若頓時即欲以聖人之生知安行為入手功夫，便是躐等了。然而，依陽明，聖之所以為聖人之本質，在於其心純乎天理，而非關於才力甚或資稟之高低。因此，雖是凡人，若肯循序用功，到得功夫純熟精敏而本體明白之境界，自亦可如聖人生知安行般地自然無跡了。依此，凡人之功夫便即是聖人生知安行之始基：「學起立移步，便是學步趨庭除之始；學步趨庭除，便是學奔走往來數千里之基，故非有二事，但其功夫難易則相去懸絕矣」（《傳習錄‧答聶文蔚》，第一九二條）。如此，現實上，聖凡間故因資稟之差異而有三層工夫層級之權宜劃分；就成聖之本質而言，三層級卻又形成一緊密之關連，凡人工夫即是聖人工夫之起點，只要肯循序以進，便人人皆可超凡入聖了。這裡，陽明一方面強調現實上聖凡有別，人人宜自明其工夫層級與限制；另一方面則又在本質上肯定人人皆可成聖，而鼓勵人不斷地自我印證與超越此限制，以期人人皆臻聖人之境。〔註17〕如此，致良知以成聖之工夫意涵亦庶幾備矣。

四、致良知與萬物一體

致良知以成聖之功夫意涵已如上述。但在陽明學中，道德實踐之極致必達致與天地萬物為一體之境地而後已。在〈大學問〉一文中，陽明強調《大學》所謂的「明德」乃吾人根源於天命之性而自然靈昭不昧之「一體之仁」。而大人與小人之區別乃在於其是否能充分地展現此與萬物為一體之仁心。小

〔註16〕王龍溪亦曾言「論工夫，聖人亦須困勉，方是小心緝熙；論本體，眾人亦是生知安行，方是真機直達」，見《王龍溪語錄》，卷三，頁6，廣文書局：民國75年1月再版。

〔註17〕參見吳冠宏先生〈陽明對《孟子》「盡心」章之詮釋試探〉，同註14，頁149。

人因形體之私，故其一體之仁不能充分地呈現，若能無私欲之蔽，雖是小人之心，其體亦猶大人；反之，苟有私慾之蔽，其分隔鄙陋亦如小人。如此，則所謂大人之學者，「亦惟去其私慾之蔽以自明其明德，復其天地萬物一體之本然而已耳，非能於本體之外而有所增益之也」〈大學問〉。這裡所謂的「一體之本然」，即是「明德之本體」。就此本體為吾人道德實踐之主觀根據而言，謂之明德，為一真誠惻怛之道德主體，實即本心。而所謂的「復其天地萬物一體之本然」者，亦不外是就此生生不息之本心仁體充分發揮其仁民愛物之德用，而達致渾然與物同體（天理流行）之境界而言，是明德之自明其自己，即明德之自「復」其「本體」：復其當體之自性，故謂「非能於本體之外而有所增益之也」。在這意義下，所謂的明明德或復其一體之本然，實即致良知之意。良知於推致充擴其自己時，即是復其當體之自性：良知之天理。陽明以明明德、親民與止於至善三綱領來說明這一歷程。

就明明德與親民而言，陽明謂：「明明德者，立其天地萬物一體之體也；親民者，達其天地萬物一體之用也。故明明德必在於親民，而親民乃所以明明德也」〈大學問〉。以體用來表達二者之關聯，依體用一源之理，則二者正形成一整體之實踐關聯。之所以如此，乃因二者又皆關聯於「至善」之故。至善是明德之本體，即良知之天理。明明德而止於至善，即以天理作為明明德之客觀根據與規範，則其不虛罔空寂而必以親民為其所施；親民而知止於至善，則不流入權謀霸術，乃所以自明其明德而復其本然一體之良知者。如此陽明謂止於至善為明明德與親民之規矩、尺度、權衡，明明德與親民乃本末一體的。陽明所言「大人者。以天地萬物為一體」，正是以致良知為矩矱所形成之實踐軌範與整體之關連中所達致之精神境界。

陽明所言之物，可由兩個層面加以理解。一是「意之所在為物」之物，如上所述，此指「行為物」（事），是經驗地言之物。二是「明覺之感應為物」，此物既指行為物，亦涉及具體有形之「存在之物」，此乃超越地言之物。當工夫純熟而物格知致意誠時，則意皆順良知明覺而起，所發自無不善，且與明覺歸而為一「無意（相）之意」；連帶地，在意與良知明覺一體而發中，物亦隨知體明覺之具體流行中一體而現，意與物間亦無所對治，物乃成為一「物之在其自己」之物。這裡的物除道德意涵外，亦涉及存有論問題，是「事物兩指」的。問題是，這兩者如何被關連起來？

實則，在道德實踐中，事（行為物）是主要被涉及的對象，存在物是在

此實踐之歷程中被連帶地涉及的。依陽明〈詠良知詩〉:「無聲無臭獨知時,此是乾坤萬有基」,則良知之獨知既是道德實踐上之主觀根據,客觀上亦是存在物之存有論根據,即,良知之明覺感應實兼涵道德創造意義與存有論之創生原理。這裡所謂的創生,並非如基督教中,上帝從無中生有地創造一切自然物之有神論創造義,而是指天道之創生道德存在與秩序。依儒家傳統,縱使吾人可籠括天地萬物,而謂有一超越的天道以創造之,然此天道創造之實義,卻完全由吾人本心真性(良知)之道德創造活動加以體證或決定的,用牟先生的話說,這是對天地萬物作一道德價值之解釋。〔註18〕在這意義上,良知之明覺感應非但創造了道德行為本身,連帶地,一切存在之天地萬物,一草一木,皆為此明覺感應所涵蓋或籠罩,而得貞定其道德價值(秩序)與存在意義。陽明所謂的「大人者,以天地萬物為一體」便在這意義下獲得貞定。主觀地說,是良知之明覺感應與天地萬物為一體;客觀地說,明覺感應本身即是天地生化之理。基本上,這是由良知「成己成物」之道德實踐進路所開啟的「道德的形上學」境界,也是良知教圓成境界之表示。〔註19〕

第二節 泰州學派之特殊傳統

泰州學派人物眾多且駁雜,黃宗羲於《明儒學案》中已多所述及。為了集中論題,本節所述主要以該派開創者王艮之思想為核心,並相較於陽明之思想體系,以明其間思想嬗遞之軌跡,再藉以點出該派論學之旨趣及特殊精神。

一、王艮論學之旨趣

王艮(西元 1483～1541),字汝止,號心齋,泰州安豐場人。依學者之見,其思想之發展大致可依年譜之所載而區分為三個時期:一、自學時期(1507～1522)。二、從遊於陽明時期(1522～1528)。三、獨立講學時期(1529～1540)。〔註20〕大體而言,自學時期之王艮除熱衷於平民講學外,並未明顯呈現其學說體系,其「格物說」雖已隱約提及,但並不清楚。此期之代表作如

〔註18〕見牟宗三先生《圓善論》,頁 133～134,學生書局:民國 74 年七月初版。
〔註19〕參見牟宗三先生《現象與物自身》,頁 442～443,學生書局:民國 73 年 8 月四版。
〔註20〕這裡的分期參照程玉瑛〈王艮與泰州學派:良知的普及化〉一文,國立台灣師範大學歷史學報:第十七期,民國 78 年 6 月。

〈孝弟箴〉、〈鰍鱔賦〉等，及種種奇言怪行，只能說明其重實踐之進路、傳道之熱誠及改造社會之強烈使命感，並無積極之哲學意義。從遊陽明之七年，是他積極吸收陽明良知學而逐步奠定自己學養根基之時期，主要作品有〈復初說〉、〈樂學歌〉、〈明哲保身論〉等，此中可隱約見其異於陽明之獨立發展處。而事實上，眞能代表王艮之獨特傾向並開啓泰州學派特殊傳統的，是其晚年獨立講學這一時期之思想。〔註21〕

但是，王艮思想之特色是什麼？其與陽明思想間又有何關聯？這裡，學者有不同的看法。黃宗羲即指出：

> 陽明先生之學，有泰州龍溪而風行天下，亦因泰州龍溪而漸失其傳。泰州龍溪時時不滿其師說，益啓瞿曇之秘而歸之師，蓋躋陽明而爲禪矣。然龍溪之後，力量無過於龍溪者，又得江右之救正，故不至十分決裂。泰州之後，其人多能赤手以搏龍蛇，傳至顏山農、何心隱一派，遂復非名教之所能羈絡矣……禪者，以作用見性，諸公掀翻天地，前不見有古人，後不見有來者。釋氏一棒一喝，當機橫行，放下柱杖，便如愚人一般。諸公赤身擔當，無有放下時節，故其害如是。〔註22〕

雖然在另一處，黃宗羲認爲相較於龍溪，心齋仍是「雖超曠不離師門宗旨」，〔註23〕但這裡卻又明指泰州（心齋）與龍溪皆「蓋躋陽明而爲禪矣」。而在他眼中，泰州後學簡直更是各個皆肆無忌憚地流爲禪學末流，王學異端了。那麼在甚麼意義上他又視心齋之學爲近禪呢？或許我們可以注意到他對心齋之評論：

> 陽明而下，以辯才推龍溪，然有信有不信，唯先生（心齋）於眉睫之間，省人最多。爲百姓日用即道，雖僮僕往來動作處，指其不假安排者以示之，聞者爽然。〔註24〕

這裡描述的教法和境界，乍看之下是和禪宗之「作用見性」有相似之處，然

〔註21〕同上註，上篇（一）、（二）節，頁62～83。

〔註22〕見黃宗羲《明儒學案》，卷三十二泰州學案，頁311，世界書局：民國81年5月五版。

〔註23〕黃宗羲謂：「王門有心齋龍溪，學皆尊悟，世稱二王。心齋言悟，雖超曠不離師門宗旨。至龍溪直把良知當作佛性看，懸空期個悟，終成玩弄光景，雖謂之操戈入室可也」。見同上書，〈師說〉，頁5。

〔註24〕同上，卷三十二，泰州學案一，頁314。

若據此即直指心齋之學為禪或近禪，顯然是出自於誤解。畢竟，內在於儒學或陽明學而言，「百姓日用即道」有其特殊的意旨與境界，和禪宗之作用見性在內容意義上有本質性之區別。〔註25〕

　　牟宗三先生則據這一段話及〈樂學歌〉而謂「平常、自然、灑脫、樂，這種似平常而實是最高的境界便成了泰州學派底特殊風格，亦成了他的傳統宗旨」。〔註26〕依牟先生，這種曾點式的自然灑脫之精神境界，是一種對道體流行之表示，實為儒學內部所共同承認之義理與境界，且可視之為儒、道、禪三家之「共法」；然則，牟先生亦指出，既作為一共法，則此亦非儒學關鍵性義理所在，反之，誠如陳白沙所謂的「若無孟子工夫，驟而語之曾點見趣，一似說夢」，這種自然平常的精神境界之體現必須以堅實的道德實踐工夫為基礎，否則，空著重此境界之渲染、描繪，即形成「玩弄光景」之弊病。〔註27〕這一點似乎尚不難理解。但如果說這種主自然、平常、樂、灑脫之境界是整個泰州學派論學之主要特色，那這一傳統又如何與其後該派「情識而肆」之流弊關連起來呢？

　　依牟先生，從法上說，王艮與王東崖等人所言之樂、平常仍是超越與內在打成一片之極高明境界，是依道德化境之呈現，而非純然的感性之樂。亦即，由泰州學派所衍生之流弊純然是「人病」而非「法病」。但既然法上無病，何以會演變成狂蕩一路呢？牟先生並未再加以說明。若順著牟先生的思路，或許我們可以這樣說：王學、心學皆屬「顯教」，良知圓神而無曲，吾人道德實踐即以此既超越又內在之良知（本心）為根據，良知隨機流行、渾淪呈現於人倫日用中，而以其自立之法則指引吾人行為之方向。問題是，現實上人畢竟有其感性、有限之存在面向，則在此隨機流行、渾淪呈現之自然平常境界中，又有多少是真正的良知之天理而非感性之情識人欲呢？這當然需要相應於良知教而做堅實的道德修養工夫，而泰州學派正好在這個地方出了大問題。依此，當可解釋劉蕺山「猖狂者參之以情識，而一是皆良」（《劉子全書》卷六，〈正學雜解，解二十五〉）之批評。

　　然則，在現實上，泰州學派畢竟曾致力於儒學之普及化教育，而在晚明社會掀起極大風潮之學派；在政治上與當權者之對抗中，泰州諸公也曾為道

────────────

〔註25〕境界上之相似並不表示存有論與工夫論之等同，此牟宗三先生辨之甚詳，詳下文。
〔註26〕見牟宗三先生《從陸象山到劉蕺山》，頁283，學生書局：民國68年8月初版。
〔註27〕同上書，頁286～287。

義而前仆後繼，展現出不畏死難之俠義風骨；再加上前述黃宗羲「赤手以搏龍蛇」、「掀翻天地」、「赤身擔當」等之評論，面對此等歷史事實與現象，可能很難純由其主自然、平常、樂之傳統及其所衍生之流弊加以解釋的，〔註28〕亦即，王艮可能在本體論與工夫論等「教法」上即自成一格而異於陽明，我們未必要完全把他套在陽明學之軌範中加以理解。於此，我們注意到牟先生對王艮之另一評價：

> 王艮比王龍溪怪誕多了，他講學立義並不遵守陽明底軌範。他的一些新說，如對於格物的講法，也只是一說而已，並無什麼義理上的軌道。〔註29〕

基本上，牟先生是純從陽明學之軌範來評斷王艮，故其評價並不高。當然，比起陽明的體大思精，王艮的「新說」在客觀的義理系統上自然是無法比擬的。縱然如此，如果我們對王艮的說法作一「同情的理解」，或許可以對泰州學派的思想發展及歷史現實提出一更合理的說明。這方面，唐君毅先生即點出：

> 心齋之學以安身標宗，知安身即知止至善，又以身與天下國合爲一物……然其以天下、國、家、身爲物，亦格物之物之所指，則固的然而無疑，同於吾人之說，以異於朱子陽明之以物爲事者也。〔註30〕

這裡，唐先生據《明儒學案》而肯定，相較於朱子與陽明，心齋的格物論是較接近大學原意的，且指出「安身」乃心齋論學之宗旨，這無異提供了一個理解心齋學問較寬廣的視野。下文即以此展開對心齋學術之探討。

二、心齋之「淮南格物論」與安身義

如同陽明般，心齋之思想格局亦以《大學》一書爲展開之基礎。如上文所述，陽明解「致知」爲「致良知」，解格物之「物」爲「事」，即「行爲物」，且以致良知爲主腦，形成一「物格而後知至，知至而後意誠，意誠而後心正，心正而後身修」（大學問）之工夫次第與格局。陽明之解自有其系統根據與理路，但亦未必最符合《大學》之原意。相較之下，心齋則採取所謂的「不用增一字解釋，本意自足」之方式，而欲求扣緊《大學》之原意，此即其著名

〔註28〕對於這一質疑，請參見岑溢成〈王心齋安身論今詮〉一文，頁65，《鵝湖學誌》第十四期，1995年6月。

〔註29〕同註7，牟先生《從陸象山到劉蕺山》，頁282。

〔註30〕唐君毅先生《中國哲學原論：導論篇》，第九章，頁305，學生書局：民國73年。

的「淮南格物論」之基本精神。其言曰：

> 《大學》乃孔門經理萬世的一部完書，喫緊處只在於止於至善。格
> 物卻正是止於至善。格物之物及物有本末之物，其本亂而末治者否
> 矣，其所厚者薄而其所薄者厚，未之有也。此格物也，故即繼之曰，
> 此謂知本，此謂知之至也，不用增一字解釋，本意自足。驗之中庸
> 論孟周易，洞然吻合孔子精神命脈具此矣。諸賢就中會得，便知孔
> 子大成學。〔註31〕

這裡，心齋開宗明義地把《大學》中「止於至善」之內容意義與格物、致知
等同起來，這顯然異於陽明之解釋。依陽明，所謂的止於至善，乃就其虛靈
不昧之良知本體，其體物不遺、遍潤萬物以達其親民之大用而言，和格物之
意旨顯有不同。那在什麼理路下心齋背離陽明之詮釋系統而謂止於至善即是
格物、乃至致知呢？這牽涉到其所謂的「安身論」：

> 諸生問至善之旨。先生曰：明明德以立體，親民以達用，體用一致，
> 先師辯之悉矣。此堯舜之道也，更有甚不明？但謂至善爲心之本體，
> 卻與明德無別，恐非本旨。明德即言心之本體矣，三揭在字自喚得
> 分明，孔子精蘊立極，獨發安身之義正在此。堯舜執中之傳，無非
> 明明德親民之學，孔子卻於明明德親民中立起一個極來，故又說個
> 在止於至善，止至善者，安身也。（王心齋全集，卷三，頁2》）

如前文所述，陽明將止於至善用以規範明明德與親民，而使二者不偏廢。但
基本上，止於至善仍指明德之本體或良知之充分朗現而言，亦即，視明明德
與親民爲止於至善之先決條件，而止於至善乃其結果。相較之下，心齋則謂
強調《大學》原文中三揭「在」字分明，亦即，視止於至善爲明明德與親民
之先決條件或基礎，後二者乃其成果。〔註32〕如此，心齋謂止於至善即安身
之義，即視安身乃明明德與親民之先決條件或基礎。故他接著說：

> 止至善者，安身也。安身者，立天下之大本也。本治而末治，正己而
> 物正也，大人之學也。是故安身也者，天地萬物之本也，天地萬物末
> 也。知身之爲本，是以明明德而親民也。身未安，本不立也，本亂而

〔註31〕見《王心齋全集》，卷三語錄，頁3，日本嘉永元年刻本，廣文書局：民國76
　　　　年3月再版。本文下引心齋文獻即據此書，將隨文直標卷數、頁碼而不另加
　　　　註。
〔註32〕參見岑溢成〈王心齋安身論今詮〉一文，頁69，《鵝湖學誌》第十四期，1995
　　　　年6月。

末治者否矣。其本亂，治末亂矣。故《易》曰：「身安而天下國家可保也」。如此而學，如此而為大人也。不知安身，則明明德親民卻不曾立得天下國家的本，是故不能主宰天地，斡旋造化。立教如此，故自生民以來，未有盛於孔子者也」。(《王心齋全集》卷三，頁 2～3)

陽明之言「身」可從兩層次言之：(一)、從體性上分解地說，身乃指一生理意義上之形軀，如其謂：「《大學》之所謂身，即耳目口鼻四肢是也……要修這個身，身上如何用得工夫？」〈大學問〉，即指此義。陽明所謂的順軀殼而起念，即指形軀之身對吾人道德實踐所可能產生之限制而言。(二)、從作用上說，陽明謂：「耳目口鼻四肢，身也。非心安能視聽言動？心欲視聽言動，無耳目口鼻四肢亦不能。故無心則無身，無身則無心」。〔註33〕心之作用須以身作為必然憑藉，身之活動亦須以心為其主宰，身心乃渾然不可分的。相較之下，心齋之言身，則有其獨特意涵。除偶而之語用歧義外，如謂「安其身而安其心者上也，不安其身而安其心者次之，不安其身又不安其心斯為下矣」，〔註34〕此「身」乃指生理意義之形軀而與心有所區別。基本上，依心齋用語，大抵是統合形軀意義與精神意義二者而言「身」。其謂安身乃立天下國家之大本，顯然此身乃統合身心二者而言之，否則將明顯地違反道德判斷之基本原理。〔註35〕

事實上，在從遊於陽明時期所作的〈明哲保身論〉中即謂：「明哲者，良知也。明哲保身者，良知良能也。所謂不慮而知，不學而能者也，人皆有之，聖人與我同也」，〔註36〕即以「保身」乃吾人據良知從事道德實踐之首要原則，且為良知自然呈現之表現。其後，心齋又將「身」提高到與「道」同等之地位，謂尊道必尊身，而尊身亦必得尊道。〔註37〕顯然，此身必統合身心二者而言之。

更進一步說，陽明雖亦於作用層上謂身心意知物只是一件或一物，而強調身與心意知物間不可區分之一體關聯，但這基本上是從道德意義上而言之，此意義下之所謂的「以修身為本」乃牽連於誠意、格物、致知等工夫意

〔註33〕王陽明《傳習錄》·〈陳九川錄〉，頁 281，第二〇一條，陳榮捷編，學生書局：民國 77 年重版。
〔註34〕《王心齋全集》，卷三語錄，頁 8。
〔註35〕如勞思光即視心齋之言身為形軀意義之身，而謂其明顯造成利害與德性之混亂，見所著《中國哲學史》(三上)，頁 482，三民書局：民國 70 年 2 月初版。
〔註36〕《王心齋全集》，卷四雜著，頁 4。
〔註37〕《王心齋全集》，卷三語錄，頁 6。

涵而言之，強調道德之純粹或獨立的意義，而不與齊家治國平天下等同而論。
〔註38〕相較之下心齋則謂「身與天下國家一物也」，強調以身爲本，以天地萬物爲末之整體關聯，即其所謂的「知得身是天下之本，則以天地萬物依於己，不以己依於天地萬物」（《王心齋全集》，卷二語錄，頁2）。則所謂的安身，顯然是著重於其倫理的、社會的、乃至政治的意義而言之。再者，本末既爲一物，則本末乃取其相對意義而言，即能知治本，必能知治末；反之，不知治本，則亦無所謂治末可言，故謂「本亂而末治者否矣」、「身安而天下國家可保也」，是本末一貫的。在這意義下，心齋提出著名的「淮南格物論」：

> 身與天下國家一物也，惟一物而有本末之謂格，絜度也，絜度於本末之間，而知本亂而末治者否矣，此格物也，物格知本也。故曰：自天子以至於庶人，壹是皆以修身爲本。修身，立本也，立本，安身也。〔註39〕

> 或問格字之義，先生曰：格如格式之格，即後絜矩之道。吾身是個矩，天下國家是個方，絜矩則知方之不正由矩之不正也。是以只去正矩，卻不在方上求。矩正則方正矣，方正則成格矣，故曰物格。吾身對上下左右事物，絜矩是格也，「其本亂而末治者否矣」，一句便見絜度格字之義。大學首言格物致知，說破學問大機刮，然後下手工夫不差，此孔門家法也。（《王心齋全集》，卷三，頁3）

如此，心齋之格物論顯然已不是如陽明所謂的「爲善去惡是格物」（四句教），或「即其意之所在之物而實有以去之」〈大學問〉，之強調內聖面「正其不正以歸於正」之道德實踐意義；反之，在身與天下國家爲一物之前提下，心齋格物論強調的是一種「正己而物正」之倫理或社會實踐精神，即以安身作爲倫理判斷之規範與社會實踐動力根據。而所謂的格物，實即是安身：知以身爲天地萬物之本；知安身爲本，即是致知，即止於至善。在具體的格物工夫上，心齊謂：

> 或問反己是格物否？先生曰：……愛人治人禮人也，格物也。不親不治不答，是謂行有不得於心，然後反己也。格物然後知反己，反己是格物的工夫。反之如何？正己而已矣。反其仁治敬，正己也。

〔註38〕此即道德意義之內聖並不必然涵蘊外王，如身修並不必然能家齊國治天下平。
　　　　參見岑溢成《大學義理疏解》，頁47～48，台灣省民政廳：民國74年6月版。
〔註39〕同註3，《明儒學案》，卷三十三，泰州學案一，頁315。

> 其身正而天下歸之，此正己而物正也，然後身安也……。(《王心齋
> 全集》，卷三，頁 3)

> 君子之學，以己度人，己之所欲則知人之所欲；己之所惡，則知人
> 之所惡，故曰：有諸己而後求諸人，吾諸己而後非諸人。必至於內
> 不失己，外不失人，成己成物而後已，此恕也，所位致曲也，忠恕
> 之道也。(《王心齋全集》，卷四，頁 5)

此中，以良知爲善去惡之道德主體性意涵已不見，取而代之的是一種強調群
己關聯、類似「互爲主體性」之倫理學原理。強調的是反求諸己身，推己及
人的忠恕致曲之道；充而擴之，則是強調人飢己飢、人溺己溺、正己物正，「萬
物一體」之仁者情懷：「一物不獲其所，即己之不獲其所也，物使獲所而後已。」
(《王心齋全集》，卷四，頁 7)。

　　要之，對心齋來說，無論是安身、格物或致知、止於至善，皆是以萬物
一體爲其終極之境界或理想，其間之工夫環節更是環環相扣，密不可分了。

三、心齋哲學與泰州學派之特殊傳統

（一）安身論與良知學

　　心齋之安身論與格物論要義已如上述。那整體來說，心齋哲學與陽明良
知學間關係該如何釐清呢？此一問題之處理將有助於吾人釐清一般所謂的心
齋之學主自然、平常、灑脫、樂等之眞實涵義，亦有助於吾人正視泰州學派
之特殊傳統及其所衍生之流弊。首先我們可以先探究心齋如何理解陽明之良
知本體：

> 良知之體，與鳶魚同一活潑潑地，當思則思，思過則已……要之，自
> 然天則，不著人力安排。(《王心齋全集》，卷二語錄，頁 13)

> 道一而已矣，中也，良知也，性也，一也。識得此理，則見見成成，
> 自自在在，即此不失便是莊敬，即此常存便是持養眞體，不須防撿，
> 不識此理，莊敬未免著意，才著意便是私心」。(同上書，卷三語錄，
> 頁 9)

> 或問天理良知之學同乎？曰：同。曰：有異乎？曰：無異也。天理者，
> 天然自有之理也；良知者，不慮而知，不學而能者也。惟其不慮而知，
> 不學而能，所以爲天然自有之理；惟其天然自有之理，所以不慮而知，

不學而能也。（同上書，〈天理良知說〉，卷四雜著，頁6）

　　只心有所向便是欲，有所見便是妄。無所向，又無所見，便是無極
　　而太極。良知一點分分明明，亭亭當當，不用思索安排……。（同上
　　書，〈與俞純夫〉，卷五尺牘，頁3）

上述諸引文即一般所謂心齋學主自然、平常、灑脫諸義，從「形式意義」上
說，皆可爲陽明良知學所認可。然而，誠如前述牟先生所指出的，上述境界
義之表述並不足以決定儒學義理之關鍵處，亦即，此並不足以說明心齋已整
體地掌握了陽明之良知學，因爲這仍須牽涉到工夫論與本體論等相關問題。

　　就對本體之體證而言，陽明有所謂「有心俱是實，無心俱是幻；無心俱
是實，有心俱是幻」的說法。前者係存有層上分解地說法，是吾人據本體以
發動爲工夫時，對本體實有層面的肯認與堅持；後者係作用層面的說法，是
吾人於工夫歷程中透過語言對所體證的本體之弔詭的表述。欲整體地掌握陽
明之良知本體，應包含這兩層面之體證與表述。上述心齋所言之境界諸義，
即是從作用層這一面對本體之體證與表述。

　　依陽明教法，這種道德化境上心性之活活潑潑必須以堅實的致良知工夫
爲基礎始有可能，〔註40〕且其間又因資稟之高低而有工夫層級之劃分，已如
上節所述。今心齋所言之格物致知工夫，並非陽明本意而偏向倫理社會層面，
亦已如上述；那心齋在內聖層面所言之正心、誠意、致知等工夫，是否即陽
明之意呢？

　　夫戒愼恐懼，誠意也。然心之本體原著不得纖毫意思的，才著有意
　　思便有所恐懼，便是助長，如何謂之正心。是誠意工夫猶未妥貼，
　　必須掃蕩清寧，無意無必，不忘不助，是他眞體存存，才是正心。
　　然則正心固不在誠意內，亦不在誠意外，若要誠意，卻須先知得個
　　本在吾身，然後不做差了……。（《王心齋全集》，卷三語錄，頁4）

依陽明，心之體本無不正，故工夫下手處惟在誠意。所謂的誠意工夫亦惟在
良知自體之戒愼恐懼以化除不正之意念，故正心誠意致知只是一件事：致良
知而已。此中，良知之主體性是相當凸顯的。〔註41〕今心齋只從心體不著意

―――――――――――――――――――――――――――――――――――――

〔註40〕如《傳習錄·黃省曾錄》即載：「問：逝者如斯，是說自家心性活活潑潑否？
　　　　先生曰：然須要時時要致良知的工夫，方纔活活潑潑地，方纔與他川水一般。
　　　　若須臾間斷，便與天地不相似。此是學問極至處，聖人也只如此」。同註14，
　　　　第二五三條，頁319。
〔註41〕依陽明，此主體性乃表現在良知之自立道德法則，以作爲道德實踐應然判斷

的境界與形式意義上把握之，對良知天理之超越的主體性意涵並未正視，故謂誠意工夫猶未妥貼，須有另一掃蕩清寧之正心工夫，甚且宣稱：「致知、誠意、正心各有工夫，不可不察也」（《王心齋全集》，卷二語錄，頁 1），顯然已割斷陽明致良知一貫之工夫格局。這便形成一有趣的弔詭現象，表面上心齋所言之自然平常等境界是依附於良知而言，在工夫教法上卻已脫離陽明之軌範，則他由工夫中所體證的本體之「無心」這一側面，是否即為陽明超越與內在打成一片之化境，也是大有疑問的。

就本體實有層面之表述而言，陽明是以「良知之天理」來說本體之內在性與超越性之合一。分別地說，良知表內在性，天理表超越性。且依陽明，在作用層與化境意義上，固然純是天理流行，身心渾然不可分；然則在體性上與工夫歷程中，卻依然肯認超越的天理與經驗義的身及因之而起的意（欲）間存在一「超越的的區分」，〔註42〕故工夫惟在念念「去人欲存天理」以致良知了。今心齋既「截取」陽明在化境意義上身心合一之身作為工夫之起點，身心間缺乏一對治之工夫歷程，則其對陽明良知實有層面（天理）之超越性意涵並未真實地掌握，從而對良知之天理作為道德上知是知非、為善去惡之原則與動力顯然亦有所疏漏。歸根究底，在形式上，心齋對本體與工夫之相關言論雖仍採取陽明之語彙，但在內容意義上，實以身心合一之「身」代替良知，所謂的致良知實即等於安身之義了。如此，若謂心齋哲學是陽明良知學之「歧出」似亦未嘗不可。然則，若我們不執著於陽明之軌範而同情地理解之，或許有助於我們更深入地理解泰州學派之特殊傳統，及其所衍生之流弊。

（二）心齋哲學與泰州學派之特殊傳統

誠如羅近溪所指出的，「陽明多得之覺悟，心齋多得之踐履」。〔註 43〕陽明之覺悟自有其深刻的道德實踐為依據，然其表現形態則傾向於分解的理論體系之建構；相較之下，心齋則表現出強烈的倫理社會關懷與具體行動，這

之根據；再者，良知本是動靜一如、體用一源的，其戒懼恐懼自身即是天理之呈露（良知之戒慎恐懼亦是念），即是私欲之大剋星，因而此主體性是超越的，非經驗意義的。心齋對此等顯然未加以領會，故有隔斷致知、誠意與正心工夫之說。

〔註42〕這基本上是一主觀、價值意義的區分，其詳見牟宗三先生《現象與物自身》一書，尤其是第一章：展露本體界的實體之路。學生書局：民國73年8月四版。

〔註43〕見《羅近溪集》，轉引自荒木見悟〈陽明學評價的問題〉一文，收錄於《日本學者論中國哲學》一書，頁378，駱駝出版社。

由他晚年所極力倡議的「百姓日用是道」的說法中更可看出：

> 聖人之道無異於百姓日用，凡有異者皆謂知異端。（《王心齋全書》，卷二，語錄，頁15）

> 百姓日用條理處即是聖人之條理處，聖人知便不失，百姓不知便會失。（同上書）

依陽明，「良知良能，愚夫愚婦與聖人同，而惟聖人能至其知，愚夫愚婦不能致，此聖愚之所由分也」（《傳習錄》，答顧東橋書），畢竟現實上聖愚間能存在著「能不能」致良知的區別，且其間涉及資稟與工夫層級之問題。依心齋：「人有天分之不同，論學則不必論天分」（《王心齋全書》，卷三語錄，頁10）。顯然，與工夫層級相關的天分（資稟）問題既不必論，則工夫歷程與「能不能」致良知問題亦已取消，剩下的只有「知不知」其自身日用條理之與聖人相同：

> 或問中。先生曰：此僮僕之往來者，中也。然則百姓之日用即中乎？
> 曰：孔子言：「百姓日用而不知」，使非中，亦安得謂之道？特無先覺者覺之，故不知耳。（《王心齋全書》，卷三語錄，頁10）

據此，則簡單得跡近「自然本能反應」之僮僕往來等百姓日用條理，即是聖人日用之條理，此即中、道，即良知。於此，陽明於本體論上所肯定的聖愚良知之「同」，已變成現實上聖愚間日用常行之「同」了。如此：「愚夫愚婦與知能行，便是道；與鳶飛魚躍同一活潑潑地，則知性矣」（同上書，卷二語錄，頁2）。而所謂的學，亦不過是學此百姓日用之道了。至此，則陽明在本體論意義上所肯定的「滿街都是聖人」，似乎亦已變成一種現實上的認定了，問題只在於有無「先覺者」以覺之，而自己能不能當下「能知能行」了。〔註44〕

　　事實上，心齋之安身格物論正是其百姓日用之學的具體落實，而百姓日用是道也正好為安身格物論提供一理論之根據，二者互有密切關聯。把陽明致良知之道轉換成百姓日用是道與安身格物論，正是形成泰州學派特殊傳統之主要思想根源。比起陽明抽象難解之本體論及嚴密艱難之工夫教法，心齋之教法無疑為世俗百姓提供一簡易直截的成聖之道，只要依己身日用條理「自自然然」地行，則成聖是人人可期的。故其派下士農工賈各色人等皆有，並在晚明儒學普世教育上掀起一番風潮。既然僮僕往來等百姓日用皆是道，則

〔註44〕在這意義上泰州學派相當重視「師道」之存在意義與價值，故常有「出入為帝者師」之說法。

人人只要當「身」能知能行，亦莫非是至道之呈顯了。則心齋之學宗安身及該派之主自然、平常、灑脫、樂諸義，似亦不難理解。再者，此百姓日用、具體存在之身必關聯於天下國家整體而言之，依其本末一貫之格物工夫，尊身即尊道，必至天地萬物皆獲其所之境地，而後身始可眞言安。於此，似亦可理解泰州諸公不畏死難的俠義精神，其背後之思想根源了。

然而，安身格物論所碰到的問題，依然在百姓日用之學中出現。依陽明或儒家本意，良知天理之流行固不離百姓日用，但百姓日用畢竟不等於良知天理，二者之不離是工夫辯證歷程中之不離，這方面，心齋於法上依然是有所疏漏的。劉蕺山情識而肆的指責顯然並非無的放矢，畢竟，缺乏一超越的對治工夫，則在此渾淪而行、自然而樂地境地中，有多少成份是以欲爲樂、甚至以欲作道，是沒有保證的。這種流弊，在其後的泰州學派中便更形嚴重了，如何心隱與李卓吾便直道：

> 性而味，性而色，性而聲，性而安逸，性也。乘乎其欲者也。〔註45〕

> 穿衣吃飯，即是倫理。除卻穿衣吃飯，無倫物矣。世間種種，皆衣與飯類耳。故舉衣與飯，而世間種種自然在其中，非衣食之外更有所謂種種與百姓不相同者也。〔註46〕

晚明之個性解放與正視慾望的思想，自有其時代背景與歷史意義。〔註47〕但像這樣處理欲與日倫理問題，實是自亂章法，自然流弊百出的。再者，依陽明，良知天理固然不等於現實存在之禮法制度，但二者之間仍有一辯證的關聯，依此，仍可正是現實禮法制度之存在意義與價值；若依心齋，既然百姓日用是道，加上安身安天下之強烈使命感，則極端的發展便可能以己身爲立法之標準，而全然漠視現實禮法制度之存在意義與價值。據此，則前述黃宗羲所謂的泰州諸公赤手以搏龍蛇、掀翻天地、赤身擔當等之悲劇性的發展，顯然也是有其思想上的根據的。

要之，心齋哲學基本上代表一儒學世俗化、大眾化之發展方向，此自有其時代背景，對儒學之普世化教育亦有一定程度之貢獻。然而，如何在此發展中能維繫住儒學之精神命脈，尤其是其超越性之意涵，以內聖外王兼顧，

〔註45〕見《何心隱集》‧〈寡欲〉，頁40，北京中華書局：1981年11月。
〔註46〕李贄《焚書‧續焚書》，卷一，頁4，漢京出版社：民國73年5月初版。
〔註47〕這方面，日本學者溝口雄三有相當詳細的研究，見氏著，林右崇譯《中國前近代思想的演變》一書，第一、二章，國立編譯館：民國83年12月初版。

乃一無可逃避之課題。〔註 48〕對這方面，心齋之哲學與教法顯然有所疏漏。
而泰州學派羅近溪哲學出現之歷史意義，正代表著這問題解決之新契機。

〔註48〕這方面可參見尤西林〈百姓日用是否即道乎？……關於中國哲學世俗主義傳
　　　　統的探討〉一文，《哲學與文化》：二十一卷，第九期，1994 年 9 月。

第二章　羅近溪之成學歷程與論學之特殊取向

一般來說，影響哲學家思想形成之因素不下列幾點：（一）、個人因素，如個人之特殊氣質、人格特質、才氣、乃至人生際遇等。（二）、師承關係與學術淵源（三）、時代背景等。本章將順羅近溪年譜之所載，依序點出其成學歷程中具關鍵性之特殊經歷〔註1〕所涵蘊之哲學意義，及其與陽明學、泰州學派間之思想關聯，並藉以探討其為學之特殊取向，進而深究其哲學之中心論題。〔註2〕

第一節　羅近溪成學之歷程

一、十五歲之志於道

作為一成德之學，道德實踐乃儒學首要的關切。落實來說，道德實踐是一種以自我生命本身為對象而展開的無止盡之自我探索、覺悟或成全之歷程。此實踐之道，既不能脫離現實世界，卻又不即等於現實世界。畢竟，世俗中人，正如《莊子・齊物論》中所描繪的，是處於現實機括世界之「根本

〔註1〕《明儒學案》載近溪成學之關鍵性經歷曰：「先生十又五而定志學於張洵水，二十六而正學於山農，三十四而悟易於胡生（宗正），四十六而證道於泰山丈人，七十而問心於武夷先生」（卷三十四：泰州學案三，頁335），世界書局：民國81年5月五版。然據黃文之考證，近溪證道於泰山丈人（老人）時年當為三十九；又所謂七十問心於武夷先生，由於事蹟不載於文獻，故略之。本文所述近溪之成學經歷只就此關鍵性之經歷加以哲學性之詮釋。

〔註2〕有關羅近溪生平事蹟、著作等相關之考證問題，請參閱黃漢昌《羅近溪學述》，政治大學中文研究所碩士論文：民國72年。

芒昧」中；此中一切生命活動，亦正如孟子所謂的「物交物則引之而已耳」，是一名利之追求與意欲之陷溺交織而成之平鋪世界。於此，儒學之道，正是提供吾人超越世俗價值標準之超越根據與動源。這種對人現實處境的深刻感受與尋求超越之道，也正是羅近溪哲學之首要關懷。據年譜所載，近溪年方十五即立志於聖賢之學：

> 七歲入鄉學，即以孔聖爲的，時時稱說孝經。十有五從新城洵水張先生受學。張事母孝，每教人力追古先師。讀論語諸書有省，毅然以興起斯道爲己任。偶同弟汝順、汝初、汝貞夜坐。問曰：「有一心事，試語汝輩。今予世事方動倪端。設命緣輻輳，中個狀會，進升宰輔，晝錦歸閭，如是壽考告終，汝兄可泰然以蓋棺否？恐不能矣！」汝貞竦然，且曰：迄今不忘也。（《盱壇直詮》，頁 218）〔註3〕

觀其自述亦云：

> 不肖幼學時，與族兄問一親長疾。此親長亦有些志況，頗饒富，凡事如意。逮問疾時，疾已亟。見予兄弟，數嘆氣。予歸途謂族兄曰：「某具如意，胡爲數嘆氣？兄試謂我弟兄，讀書而及第，仕宦而相，臨終時還有氣嘆否？」族兄曰：「誠恐不免」。予曰：「如此，我輩須尋個不嘆氣的事做」。予於斯時，便立定志了。（《盱壇直詮》，頁 183~184）。

正如陽明年少之立志作天地間第一等人，年方十五之羅近溪亦興起以斯道爲己任之志；諸事如意，榮華功名富貴俱享，臨終仍不免嘆口氣，此即覺悟到，相較於道之無限性，人於世俗的一切是不能泰然的。而所謂的「尋個不嘆氣的事做」，便是意欲尋求一超越世俗之道以爲自家生命的安頓處。對羅近溪來說，唯有「矢志學聖賢」一途或可稍慰此憾：

> 吾人凡事皆以聖人爲法，孔子十五而志於學，今日便當向夜半五更靜靜拷問自己的心腸，果是肯如孔子一心一意去做聖賢耶？或只是如世俗之見，將將就就以圖混過此生也？若將就混過，正是鄉愿的本事，孟子罵他做德之賊。賊字是害字，蓋此個念頭，即是鴆毒刀兵，害了此一生也。（《盱壇直詮》，頁 58）

事實上，作爲泰州學派的代表性人物，如同王心齋般地，「實踐的進路」也正

〔註3〕 本文所引《盱壇直詮》據廣文書局，民國 80 年 11 月三版，下文引該書將直標卷數、頁碼而不另註。

是羅近溪整個學問之出發點。然而，近溪並未如心齋父子般地，一開始便著意地強調此道之自然、平常、灑脫、樂等境界；反之，由其成學後之自述看，其學道之歷程是艱苦萬分且充滿曲折的：

> 師（近溪）嘗語門人及子姪輩曰：「予三十年來，此道喫緊關心。夜
> 分方得合眼，旋復惺惺，耳聽雞喔，未知何日得安枕也。」又曰：「予
> 初學道時，每清晝長夜，只揮淚自苦，此等境界，予故難與人言，
> 人亦莫之能知也。」。（《盱壇直詮》，頁 206）

這裡正是其自身生命存在處境之忠實描述，且此類話語在近溪之文獻中並不少見，足見其學道歷程確是艱苦而難以言喻的。那這「艱苦」出在哪裡呢？這方面，年譜中所載近溪幼年之一、二事，亦足以見其先天氣質上對此問題之特殊關懷：

> 甫三歲，獨坐火圍邊，俟母寧安人未至而哭。父前峰抱之，哭止。
> 隨思曰：均此一身，心何苦樂倏異？輾轉追思，未明其故。五歲，
> 安人授孝經。群僕故亂其誦，怒甚，忽自笑告安人曰：兒才發怒，
> 頗覺難轉，人言腹中諸臟會橫，果然。（《盱壇直詮》，頁 217～218）

若我們不去質疑此「神話傳奇式」幼年事蹟之可信度問題，而參照近溪早年之求道歷程，則此一二事中所涉及的「身心安頓」問題確是其主要關懷之所在。「苦樂倏異」與「發怒頗覺難轉」正是人心理情意層面之七情六慾問題，此七情六慾之倏忽不定亦正是人生命存在情境之具體展現。現實上，情意之發用必然會撲向或固著於某些對象而尋求滿足，得之則喜，否則即怒；人之現實處境正是由此情意之滿足與否，所交織而成之倏變不定世界。雖然解決的模式與目標或有不同，但是欲超越此現實生命性相之紛雜則是歷來儒釋道三家所致力之共同課題。〔註4〕

　　雖則「道的內在性作為一個能被經驗到的存在，正是說明許多儒者自我修養中具有道德奮鬥的理由」。〔註5〕但對其時年方十五之羅近溪而言，其興起以斯道為己任之宏願或矢志學聖賢，仍只是其渾沌年少生命中「精神紅輪」之初升起，其求道歷程仍有許多轉折。此中，上述氣性生命問題是其存在處境中首要之關懷，其後之學「靜坐以觀心」便是他早期面對這問題的主要方

〔註 4〕 對氣性生命之現實性相，及儒釋道三家對此之超越之道，相關研究請參閱陶
　　　　國璋《生命坎陷與現象世界》，香港書林出版社：民國 84 年 4 月一版。
〔註 5〕 見杜維明《人性與自我修養》，頁 52，聯經出版社：民國 81 年。

法。

二、澄懷靜坐以觀心時期

年譜上記載近溪十七、八歲時之二事：

> 辛卯（時年十七）學獻東沙刻頌二子粹言，師（近溪）悅玩之，內
> 得薛文公清一條，言：「萬起萬滅之私亂吾心久矣，今當一切決去，
> 以全吾澄然湛然之體」。若獲拱璧，焚香叩首，矢心必然聖賢，立簿
> 日記功過，屏私息念，如是數月，而澄懷之體未復。壬辰（年十八）
> 乃閉戶臨田寺中，獨居密室，几上置水一盂，鏡一面，對坐逾時，
> 俟此中與水鏡無異，方展書讀之。頃或念慮不專，即掩卷復坐，習
> 以為常，遂成重病。前鋒公謂師由斷喪咎之，師乃直述其故曰：「兒
> 病由內，非由外也。惟得方寸快暢，於道不逆，則不藥可癒」。前鋒
> 公遂授以陽明王先生《傳習錄》，指以致良知之旨。師聞之大喜，日
> 玩弄之，病瘳。（《盱壇直詮》，頁 219～220）。

依儒家，人欲可指先天上人因形氣生命（身）自然而有的食色之性；亦可指
緣後天習染而得之習性、形氣而言。更進一步說，凡非本心天理自然之則而
來之好名、好勝、好權、私見、虛矜，乃至拼入意見、氣魄、典要等皆是人
欲之表現，由此亦足見儒家對此問題之精察。〔註6〕然則，歷來儒者對人欲問
題並未在理論上多作分解，甚至在道德工夫進路上，對人欲問題亦無一「獨
立之工夫」加以處理。宋儒張載有所謂的「天所性者，通極於道，氣之昏明
不足以蔽之；天所命者，通極於性，遇之吉凶不足以戕之」《正蒙.誠明篇》之
說；如前所述，陽明亦以「立體」（致良知）以「達用」（於事事物物）來處
理人欲問題，皆足以表明儒者對此一問題之立場：立體以達用。〔註7〕

靜坐本是佛教徒最擅長之工夫法門，因佛教修持之最終目的仍不外於禪
定寂滅以歸於無餘涅盤，則靜坐便是其相應且必要之修持方法。就儒者來說，
雖不必然反對以靜坐作為權宜之工夫，〔註8〕但依前述儒者「立體以達用」之
立場，其對本體之體悟本不同於佛家，則靜坐未必是相應之「根本工夫」。且

〔註6〕參見蔡仁厚先生〈天理人欲的疏通去礙〉一文，載《儒家心性之學論要》一
　　　書，頁 245，文津出版社：民國 79 年 7 月出版。

〔註7〕對此之相關討論，請參閱蔡仁厚先生〈天理人欲的疏通去礙〉一文，同上註。

〔註8〕有關靜坐與宋明理學發展之相關研究，請參見張亨先生〈程明道定性書之思
　　　想史意義〉一文，《台大中文學報》，民國 84 年 4 月。

依儒者，此本體本自生生不息，即便是靜坐，亦是以「悟」此本體之生生大用爲方向；然則，這裡近溪承薛文清（瑄）而來之屏私息念或靜坐觀心之工夫，乃預設吾人有一本自「清澈湛然」而「獨立存在」之心體，只因慾念之私而擾其清靜，爲「復見」此心體之本然，而從事靜坐息念等工夫，〔註9〕此顯然異於儒者立體以達用之大方向，既「不見體」，則其早期工夫進路之失敗是不難理解的。此一、二事件只能視爲近溪求道歷程中之曲折，亦反映出氣質之病是其縈懷在胸之迫切問題。這問題，直到近溪二十六歲「省中大會，師友發揮」，遇見泰州學派之顏山農（鈞），始獲一決定性之轉折。

三、受學於顏山農以「體仁」

> 庚子會考，省中縉紳士友大舉學，會見吉中山農顏公鈞。山農出泰州心齋王先生之門，而解演說致良知義旨。師因述己昨觀危急而生死毫不動心，今失科舉而得失絕弗攖念。山農具不見取，曰：「是制欲非體仁也。吾儕談學，當以孔孟爲準。志仁無惡，非孔氏之訓乎？知擴四端，若火燃泉達，非孟氏之訓乎？如是體仁，仁將不可勝用，何以制欲爲？」師聞之悟曰：「道自有眞脈，學原有嫡旨也」。遂師事之，朝夕專以孔子求仁，孟子性善，質正之於四書，口誦而心惟之，一切時說講章置之不觀。閒作時藝，隨筆揮成，見者驚服，私相語曰：乃知學問之大益舉業也。（《盱壇直詮》，頁220～221）

這裡，近溪受學於顏山農主要的是「制欲與體仁」之課題。在陽明學中，若依牟宗三先生的說法，此一課題可總歸爲一「逆覺體證」之工夫歷程。細部地說，其中涉及吾人心靈或精神發展之三歷程。首先，精神本身乃一渾全之整體，此中，一切感性、情慾等氣性生命亦包涵在內，而與精神本體（良知

〔註9〕 如引文中提及之薛文清（瑄）便曾謂：
「理如物，心如鏡，鏡明則物無遁形，心明則理無蔽跡，昏則反是」
「湖南靖州讀論語，坐久假寐，既覺神氣清甚，心體浩然，若天地之廣大。蓋欲少則氣定，心清則理明，其妙難以語人」，見（《明儒學案》，卷七，河東學案一，頁47、45）。
這裡的問題是，薛瑄由靜坐所體悟到的「若天地之廣大」、「其妙難以語人」之澄然心體是否即儒者所謂的生生不息之本體？此本體是否有一湛然之象以供吾人把玩？

本體）形成一渾然同體之「原始的和諧」，但這階段也無真正的道德實踐可言，因為精神仍處於不自覺狀態中。而真正的道德實踐，則是由良知本體之自覺活動而展開的。吾人於此渾沌之原始和諧中肯認或體證一良知主體以為道德實踐之超越根據，良知一經自覺或步步之肯認，乃逐漸純化其自己之主體性，則其主體自身沛然莫之能禦的力量便將私慾習氣等氣性生命推開，而與之形成一主客對治狀態，如此，私慾習氣始有被克制之可能，此即所謂的致良知或逆覺體證之活動。在此對治中之良知主體乃抽象的、隔離的、暫時的，但它虛靈活潑之本性並不能長久安於這種主客之對治或抽象之隔離中，而必須具體地發用流行於日常生活中，於是，它乃透過對客體（自然氣性生命）之轉化或融攝工作，使其皆為良知發用流行之憑藉而非障礙。最後，經此「淘汰融攝」歷程，則自然氣性生命皆成為載道之器，其一舉一動亦莫非良知天理之流行了，此即致良知化境之呈現了。〔註10〕

　　若把制欲與體仁問題放在上述陽明致良知或逆覺體證的歷程看，則制欲非但必要且是相當重要的課題，否則亦無所謂致良知或體仁了。那顏山農又是從哪一意義上說致良知（體仁）並不須要制欲呢？《明儒學案》對山農之學有一段記載：

> 嘗師事劉師泉無所得，乃從徐波石學，得泰州之傳。其學以人心妙萬物而不測者也，性如明珠，原無塵染，有何睹聞？平時只是率性所行，純任自然，便謂之道。及時有放逸，然後戒愼恐懼以修之。
>
> 凡儒先見聞、道理格式，皆足以障道。此大旨也。〔註11〕

基本上，山農之學乃承自泰州學派「良知現成」及「百姓日用是道」之特殊傳統。而其所解演說之致良知（體仁），實即以純任自然為第一義工夫，制欲乃第二義工夫：「及時有放逸，然後戒愼恐懼以修之」。這對曾長期從事息念制欲工夫而無所得的近溪而言，實是一新鮮且具震撼力的說法，故當下即師事之，且覺當下頗能受益。〔註12〕事實上，對羅近溪哲學之發展而言，所謂的「體仁」，

〔註10〕這裡之論述曾參見牟宗三先生《理則學》，第十三章：辯證法，頁273～275，正中書局：民國60年出版。

〔註11〕見《明儒學案》，卷三十二：泰州學案，頁311。

〔註12〕於此，近溪曾曰：「從此回頭，將論語再來細讀，真覺字字句句重於至寶。又看孟子，又看中庸，無一字一句不相映照。由是卻想孔孟亟口稱頌堯舜，而說其道孝弟而已矣，豈非也……其時孔孟一段精神，似覺渾融在中，一切宗旨，一切工夫，橫穿直貫，處處自相湊合」（《明儒學案》，卷三十四：泰州學案三，頁346）。

實涵一先肯定「澈悟本體」之特殊工夫進路。〔註13〕時進溪年方二十六，對此本體之理解仍是相當模糊的。其後近溪一心求道，遍訪師友，商量舊學，研議新知，直至三十四歲學《易》於胡宗正以悟本體，其學術乃又獲一決定性之進展。

四、學《易》於胡宗正以悟本體

年譜記載近溪學易之經過：

> ……遂執贄願為弟子，宗正乃曰：「易之為易，原自伏羲洩天地造化於圖畫中，可以神會而不可以言語盡者。宜屏書冊，潛居靜慮乃可通耳」。師（近溪）如其言，經旬不輟。宗正忽謂師曰：「若知伏羲當日平空白地著一畫耶？」師曰，不知也。宗正曰，不知則當思矣。次日，宗正又問曰：「若知伏羲當日平空白地一畫未了，又著二畫耶？」師曰，不知也。宗正曰，不知則當熟思矣。師時略為剖析，宗正默不應，徐曰：「障緣愈深，則本真愈昧」。如是坐至三月，而師之易學，恍進於未畫之前，且通之於學庸論孟，諸書沛如也。（《盱壇直詮》，頁223～224）

這一段「悟本體」之經歷對日後近溪學術之發展實有決定性之影響。

基本上，伏羲之「仰則觀象於天，俯則觀法於地」（《繫辭下傳》，第二章），所強調的是一種「觀見」與「感通」之體悟歷程；〔註14〕然則，《易》本是「範圍天地之化而不過，曲成萬物而不遺，通乎晝夜之道而知，神無方而易無體」（《繫辭上傳》，第四章），究極而言，此作為宇宙「真際」（reality）之本體卻

〔註13〕然而，誠如上文所述，百姓日用之說，其流弊乃在容易混情識以為性、道，相較於王心齋，顏山農對此是有所自覺的，故嘗曰：「吾門人中與羅汝芳言從性，與陳一泉言從心，與餘子所言，只從情耳」（《明儒學案》，卷三十二：泰州學案，頁311）；同樣地，從羅近溪對顏山農之辯護「山農與相處餘三十年，其心髓精微，決難詐飾，不肖敢謂其學直接孔孟，俟諸後聖，斷斷不惑」（同上書，頁311）看，雖是對顏山農大表肯定，但亦可見他當也覺察到此百姓日用之學是極易引起他人之疑慮的。從理論上來說，除非是在工夫上又回到陽明逆覺體證式之教法，或可保無弊端；否則便須論對此說法提出一特殊意義下之本體論以證成之，基本上，日後近溪哲學之發展正朝此方向進行。

〔註14〕《易》本為卜筮之書，然其由六十四卦三八四爻所組構之卦爻世界，確為宇宙萬物之生成變化提供一象徵性之詮釋系統，而《易傳》更為此象徵系統確立一「本體宇宙論」之說明。

又非任何語言文字之詮表所能盡其意的，故只能訴諸一超越經驗及語言文字之「證悟」（思）一途：宜屏書冊，潛居靜慮乃可通耳。所謂的「伏羲當日平空白地著一畫」，此一畫亦即以「太極」或「乾」象徵地表示作易者對此宇宙本體之原初洞悟。〔註15〕

再者，所謂的「易無思也，無爲也，寂然不動，感而遂通天下之故，非天下之至神，其孰能與於此」（《繫辭上傳》，第十章），易作爲天地萬物之本，並非一孤懸而與萬物隔絕之本體，而是一不斷遂行其感而遂通之「創生實體」，《易》以「是故易有太極，是生兩儀，兩儀生四象，四相生八卦」（《繫辭上傳》，第十一章）來象徵此一創生歷程，此代表經驗事物分化之始的「陰陽兩儀」，即胡宗正所謂的一畫未了，又著「二畫」之象徵意義。據此，則近溪從學於胡宗正所證悟之本體，乃一統乾坤而言而生生不已之天道創生實體。

基本上，近溪這種由靜而證道的方式，仍類似牟宗三先生所謂的「超越的逆覺體證」，或王龍溪所謂的「證悟」，只停留於對本體之「抽象解悟」階段；眞正的「徹悟」，必須通過心性工夫之涵養與具體生命存在處境之體察，而達致王龍溪所謂的「磨礱鍛鍊，左右逢源」而體之於身心之階段，始可言之。〔註16〕這方面，直到其三十九歲之「自證心體」，始獲徹底之解決。

五、近溪之徹悟經歷

《明儒學案》記載近溪之一次特殊之悟道經歷：

> 嘗過臨清劇病，恍惚見老人與之曰：「君自有生以來，觸而氣每不動，倦而目輒不瞑，擾擾而意自不分，夢寐而境悉不忘，此皆心之痼疾也」。先生愕然曰：「是則予之心得，豈病乎？」老人曰：「人之心體，出自天常，隨物感通，原無定執。君以夙生操持強力太甚，一念耿光，遂成結習。不悟天體漸失，豈惟心病而身亦隨之矣」。先生驚起叩首，流汗如雨，從此執念漸消，血脈循軌。〔註17〕

〔註15〕近溪曾曰：「蓋伏羲當年亦儘將造化著力窺覷……不覺信手禿點一點，元也無名，也無字，後來只得喚他叫做乾，喚他作太極也，此便是性命的根源」。見《盱壇直詮》上卷，頁15。

〔註16〕王龍溪曾依工夫進路而區別三種悟的境界：從言入者、從靜坐入者：證悟、從人情事變練習入者：徹悟。其說參見《王龍溪全集》，〈說悟〉一文，第三冊，卷十七，頁1224。華文書局：民國59年出版。

〔註17〕見《明儒學案》，卷三十四：泰州學案三，頁335。

從引文「驚起叩首，流汗如雨，從此執念漸消，血脈循軌」看，近溪這次真是達致「磨礲鍛鍊，左右逢源」之徹悟階段，而其學風亦大致就此底定了。由這段證道歷程之記載，吾人不禁要問：近溪所徹悟到的不容「操持強力太甚」之心體（天體），其確義為何？那又該如何理解「一念耿光，遂成結習」之「良知光景」問題呢？這正是近溪哲學兩個關鍵性之問題。根本上，這還是得回到陽明學中才能說得清楚的。因此，本文下一節將先對照近溪與陽明良知學、乃至泰州學派間之嬗遞關係，藉以點出近溪哲學之特殊取向，再逐步展開相關問題之論述。

第二節　羅近溪論學之特殊取向

一、近溪與陽明本體體證與工夫進路之異同

《明儒學案》中記載一段近溪成學經歷之自述文，對探討近溪與陽明良知學之關係而言，是頗耐人尋味的：

> 某初日夜想做個好人，而科名官舉皆不足以了平生。卻把《近思錄》、《性理大全》所說工夫信受奉行，也到忘寢忘生死地位，病得無奈。卻看見《傳習錄》說諸儒工夫未是，始去尋求象山慈湖等書，然於三先生所謂工夫，每有罣礙，病雖小瘥，終沈滯不安，時年已弱冠，先君極為憂苦。幸自幼蒙父母憐愛過甚，而自心於父母及弟妹，亦交相憐愛，真比世人十分切至。因此每讀論語孝弟之言，則必感動，或長要涕淚。以先只把當作尋常人情，不為緊要。不想後來諸家之書，做得著累吃苦。在省中逢著大會，師友發揮，卻翻然悟得，只此就是做好人的路徑，奈何不把當數，卻去東奔西走，幾至忘身也哉。從此回頭，將論語再來細讀，真覺字字句句重於至寶。又看《孟子》，又看《中庸》，無一字一句不相映照。由是卻想孔孟忌口稱頌堯舜，而說其到孝弟而已矣，豈非也……其實孔孟一段精神，似覺渾融在中，一切宗旨，一切工夫，橫穿直貫，處處自相湊合。〔註18〕

引文中，近溪自謂不契合於朱子之工夫進路，此似不難理解；然對於陽明等三先生之學「終沈滯不安」，以一般被視為陽明學發展高峰之近溪哲學來看，

〔註18〕見《明儒學案》，卷三十四：泰州學案三，頁 335～346。

是不易理解的。依溪自述，自「省中大會，師友發揮」（即前述之受學於顏山農以言「體仁」之學）後，即直接回歸「志仁無惡」、「知擴四端，若火燃泉達」之孔孟中庸等儒家之原始精神。若依當代學者如牟宗三先生之詮釋，陸王之學乃又直承孔孟精神而來者。那在何種意義上，近溪說不契於陸王之學而欲回歸孔孟之精神呢？基本上，這牽涉到近溪與陽明兩人對本體之體悟，及因此而衍生之工夫進路、學問風格等問題。這可由進溪成學後對陽明學之一段評論中見出一些端倪：

> 問：孟子說不慮而知、不學而能，原良知良能既並言，後卻只言知，何也？
>
> 曰：知者，吾心之體，屬之前，故乾以易知；能者，心知之用，屬之坤，故坤以簡能。乾足統坤，言乾而坤自在其中：知足該能，言知則能自在其中。如下文孩提知愛其親，知敬其兄，既說知愛親、敬兄，則能愛親、能敬兄不待言矣。
>
> 曰：心體之妙如此，乃今時學者於陽明良知之宗，猶紛紜其論，何哉？
>
> 曰：陽明先生乘宋儒窮致事物之後，直指心體說個良知，極是有功不小，但其時只要解釋《大學》，而於孟子所言良知遂未暇照管，故只單說個良知。而此良知，則即人之愛親敬長處言之，其裡便自落實，而其工夫便好下手，且與孔子『仁者，人也，親親為大』的宗旨毫髮不差，始是傳心真脈也。
>
> 曰：陽明說要致良知，則其意專重致字，原亦不止單說良知已也！
>
> 曰：即良知本章，孟子亦自有說致的工夫處，原非格其不正以歸於正也。
>
> 曰：如何見得是致的工夫？
>
> 曰：致也者，直而養之，順而推之，所謂致其愛而愛焉，而事親極其孝：致其敬而敬焉，而事長極其弟，則其為父子兄弟足法，而人自法之。是親親以達孝，一家仁而一國皆興仁；敬長以達弟，一家義而一國皆義也。非所謂人人親其親、長其長而天下平乎？〔註19〕

〔註19〕見《羅近溪先生明道錄》一書，卷四，頁6，廣文書局影印和刻近世漢籍叢刊本。民國76年10月初版。

本文第一章曾引羅近溪之言：「陽明多得之覺悟，心齋多得之實踐」，並指出，陽明學主要表現出一理論分解之型態；相較之下，近溪之學則承繼泰州學派重實踐之精神。因此，這裡近溪認爲陽明係依附《大學》「格物致知」理論分解系統所解之良知，偏重於「良知」義，對「良能」義則有所忽視，但理論上說，「知足該能」，只要陽明之良知指向倫理實踐義之「愛親敬長處」言之，則亦無大礙，「其理便自落實」，良能亦隨之呈現。〔註20〕但整體而言，陽明依其「超越的分解」型態所言之良知，畢竟著重於「體性」或概念上，如誠意格物致知之系統解析，而非直就當下倫理道德具體之實踐內容而言之；近溪則站在倫理實踐之立場，認爲「致知」即孟子「直而養之、順而推之」之具體實踐義，原非陽明理論分解上所謂的「格其不正以歸於正也」之格物義了。當然，在理論上，陽明亦言「以此純乎天理之心，發之事親便是孝，發之事君便是忠，發之親友治民便是信與仁」(《傳習錄.徐愛錄》，第三條)，甚至整套良知學亦以此爲建構之指標，並無偏離倫理道德內容之嫌疑；但對近溪來說，這種依超越的理論分解所完成之倫理道德體系，在實踐上確有偏離或「不實落」之可能，這由陽明後學之發展中即可見一般。(當然，這也是「人病」而非「法病」問題)。因此，如何以具體的倫理道德實踐爲基點，對此本體提出一套獨特之表述法，並在工夫教法上有所突破，使其完全吻合實踐之要求，乃其作爲泰州學派代表性人物必要承擔之哲學使命了。

　　首先，我們可以再看看陽明之本體體證內涵與工夫進路。依牟宗三先生之詮釋，分別地說，陽明之良知實涵三義：道德實踐之主觀義，性理之客觀普遍義，及天道創生之絕對義。〔註21〕事實上，在存有論上，陽明雖亦以「天命之性，粹然至善」〈大學問〉來表述良知本體之通貫於天道實體；且亦肯定「一節之知，即全體之知；全體之知，即一節之知，總是一個本體」(《傳習錄.黃直錄》，第二二二條)之「良知現成」義。但在工夫進路上，陽明顯然是從本心之能自立道德法則這一層面來說良知心體；如上所述，在工夫對治歷

〔註20〕這裡的詮釋曾參考黃淑齡《明代心學中「光景論」之研究》一文，頁 61～62，台大中文研究所碩士論文：民國 84 年 6 月
〔註21〕「良知三義」之說，見牟宗三先生〈儒家道德的形上學〉一文，刊《鵝湖月刊》，第三期。而如陽明所謂的：「良知是造化的精靈，這些精靈，生天生地，成鬼成帝，皆從此出，眞是與物無對。人若復得他完完全全，無少虧欠，自不覺手舞足蹈，不知天地間更有何樂可代？」等相關語句，即示良知本身作爲天地創生實體之「絕對義」。

程中，良知之主體意義是相當凸顯的，此一主體，乃就致知歷程中良知頓時啓用，而爲吾人知是知非、爲善去惡之道德主體而言，而良知之客觀義（性體），亦由此良知之主體義所證成，此即牟宗三先生所說的，道德理性之「截斷眾流」義：「人在其道德的實踐以完成其德行人格底發展上是必然要肯定這性體心體之爲定然地眞實的，而且即在其實踐的過程中步步證實其爲眞實其爲呈現」。〔註22〕但依牟先生，儒家圓融之道德實踐必然要再包括第二義「涵蓋乾坤」及第三義「逐波逐流」之道德理性：

> 其次，這爲定然地眞實的性體心體不只是人的性，不只是成就嚴整而純正的道德行爲，而且直透至其形而上的宇宙意義，而爲天地之性，而爲宇宙萬物底實體本體，而爲寂感眞幾、生化之理，這是「涵蓋乾坤」句，是道德理性的第二義。最後，這道德性的性體心體不只是在截斷眾流上只顯爲定然命令之純形式義，只顯爲道德法則之普遍性與必然性，而且還要在具體的生活中通過實踐的體現工夫，所謂「盡性」，作具體而眞實的表現，這就是「隨波逐浪」句，是道德理性底第三義。這是儒家言道德理性衝齊集而最完整的一個圓融的整體。〔註23〕

依陽明工夫進路，此三層即是依「步步體證」而逐漸呈顯的，此中亦涉及良知本體之隱顯問題。基本上，陽明是著重於致知之工夫歷程而言良知，其中，良知是一由「因地」至「果地」之隱顯歷程。在因地中，良知以其虛靈明覺而爲道德實踐超越的主體根據，良知雖能當下呈現，但因工夫尚未熟練，故其本體尚非全幅朗現；果地則爲工夫純熟之「知至」狀態，爲知體明覺之全幅朗現境界，則當下之視聽言動亦莫非良知天理流行之如如境界，良知亦頓時而爲天地生化之大本，萬物亦莫非此知體之顯現了。

依近溪，在本體論上，如上節所述，其從學於胡宗正所證悟者，是一以乾坤爲形上原理而生生不已之天道創生實體；且其又以天道義之「乾知坤能」來說「吾之心體」，據此，近溪所謂的天道乾坤、良知、心體等，所指謂者皆是同一實體。如此，近溪曰：

> 宇宙其一心乎？夫心，生德也。活潑靈瑩，融液孚通，天此生，地亦此生也。古此生，今亦此生也，無天地無古今，而渾然一之者也。

〔註22〕見牟宗三先生《心體與性體》（冊一），頁138，正中書局：民國74年8月
〔註23〕同上註，頁138。

生之謂仁，生而一之之謂心。心一則仁一，仁一則心無弗一也，是
故一則無間矣。無間者，此心之仁之所以純乎其運也。一則無外矣，
無外者，此心之仁之所以博乎其施也。(《盱壇直詮》，頁35)

這裡所謂的「宇宙其一心乎？」之心，即天道實體或良知。此心之生德既渾
然統天地萬物且超越經驗時空之限制，則此心之生，當下即涵蓋乾坤而爲天
地化育之生生不已。此一創生實體，從作用義言謂之生，從本體義言謂之仁
或心，而作用不離本體，本體不離作用，故謂「生之謂仁，生而一之之謂心。
心一則仁一，仁一則心無弗一也，是故一則無間矣」。此「一」自非經驗意義
上一多相對之一，而是存有論上萬物一體之「一」，故天地萬物皆莫非此仁之
生機之一體顯現。就此心體與天地萬物之關聯，近溪說：

易之爲易，其充塞寰穹，樞機造化，爲是一神以靈妙而顯通之。在
天則萬萬成象，在地則萬萬成形。凡所成形象，萬萬皆乘其元化靈
妙通顯而爲知能。是以周遍活潑，體段若可區分，真精了無間隔。
昭彰謂之帝則，繼承之謂之己性，而實則渾全，是爲易理也。(《盱
壇直詮》，頁272～273)

在作用上，此心體、道體、易體、仁體，是一不斷起創生活動而成天成地之
本體。此本體之昭顯中自有一生生之天則呈現，吾人承此天則則爲吾人之性，
然其終究只是一生生不已而渾全之本體，故謂其「體段若可區分，真精了無
間隔」。而所謂「凡所成形象，萬萬皆乘其元化靈妙通顯而爲知能」，即表示
天地萬物各個皆爲此生生本體充盈、遍潤，是乾知坤能生化大用當下之呈顯。
此前引文中老人所謂的「人之心體，出自天常，隨物感通，原無定執」之心
體，即是此當下即涵蓋乾坤而爲天地化育生生不已之「天體」，是「人而天，
天而人」的，此心當然亦無須「操持」的。

　　如此，就存有論之表述而言，近溪顯然是以此通澈天地之「一心」直接
承擔存有論之意涵，當下即涵蓋乾坤，與陽明之由道德理性之截斷眾流再進
至涵蓋乾坤之義，有所不同。至於在工夫進路上，近溪有一段著名的話最能
表現其體道之歷程與精神：

易云極深研機，窮神知化，據是因此知體難得圓通，故不得不加許
多氣力，不得不用許大精神。今學者纏理會不通，便容易把個字眼
來替，只圖將就作解，豈料錯過到底也。要之，欲明此事，必先遇
人。僕至冥頑，於世情一無所了，但心性工夫卻是四五十年分毫不

改。蓋緣起初參得人眞，遇得又早，故於天地神理根源，直截不留
疑惑。所以抬頭舉目，渾全只是知體著見；啓口容聲，纖悉盡是知
體發揮，更無幫湊，更無假借。雖聽者未必允從，而吾言實相通貫
也。(《盱壇直詮》下卷，頁 198)

這裡，「易云極深研機……不得不用許大精神」之說，強調的是一種先澈悟本
體之工夫進路。所謂的「蓋緣起初參得人眞，遇得又早，故於天地神理根源，
直截不留疑惑」，正是其澈悟本體之歷程；有此先澈悟本體之歷程，始有此「抬
頭舉目，渾全只是知體著見；啓口容聲，纖悉盡是知體發揮」之境界呈現。
顯然，這與上述陽明良知之步步呈顯亦有所歧異。

　　如此，陽明就致良知工夫純熟而言之化境顯現，與近溪就澈悟本體而言
之境界呈顯是頗類似的；〔註 24〕但境界之相似，必不必然代表本體體證與工
夫進路之全然相同。要之，依陽明，在本體表述上，良知之由隱至顯之三層
級或三義之別，如本文第一章所述，只是因個人資稟及工夫進層而有之權宜
表示，只要依良知教法實落用功，並無妨成聖之本質；然近溪卻對此採取一
「特殊立場」：

　　問：「良知即本來面目。今說良知是矣，何必復名以本來面目也耶？」
　　曰：「良知固是良知，然良知卻實有個面目，非杜撰而強名之也。」
　　曰：「何以見之？」曰：「吾子將問何以見之，此時此語，亦先胸中
　　擰議否？」曰：「亦先擰議」曰：「擰議則良知未嘗無口矣。擰議而
　　自見擰議，則良知未嘗無目矣；口目宛然，則良知未嘗無頭面四肢
　　矣。豈惟擰議然哉，予試問子以家相去蓋千里也，此時身即在家，
　　而庭院堂室，無不朗朗目中也。又試問……。故只說良知，不說面
　　目，則不見其體如此實落，其用如此神妙，亦不見得其本來原有所
　　自，不待生而存，不隨死而亡。而現在相對面目，止其發竅之所而
　　滯隔近小，原非可與吾良知面目，相並相等也。」〔註25〕

_____

〔註24〕基本上，學者常常以近溪「抬頭舉目，渾全只是知體著見；啓口容聲，纖悉
　　　盡是知體發揮」這句話作為近溪道德化境之表示，但對其與陽明本體論內涵
　　　與工夫進路之關係，則未能再加辨別。例如，牟先生認為近溪之化境是順泰
　　　州學派作紮實工夫而特顯其精純之顯現，但對泰州學派與陽明對本體表述與
　　　工夫進路之異同則未再家著墨。牟先生之說，參見《從陸象山到劉蕺山》一
　　　書，第三章「王學之發展與分化」，論及泰州學派部份，頁 282～298，學生書
　　　局：民國 68 年 8 月初版。
〔註25〕引自《羅近溪全集抄》，羅近溪著，見《陽明學大系第六卷，陽明門下（中）》，

據此，則所謂的「良知本來面目」，當即指近溪圓融義表示下，當體圓融顯現而渾然與物同體之乾坤知能；那所謂的「良知相對面目」又指甚麼？何以又謂其「止其發竅之所而滯隔近小，原非可與吾良知面目，相並相等」呢？我們可以近溪對這兩種知能義之進一步分析加以理解：

> 汝輩只曉得說知，而不曉得知有兩樣。故童子日用捧茶是一個知，此則不慮而知，其知屬之天也；覺得是知能捧茶，又是一個知，此則以慮而知，而其知屬之天也。天之之只是順而出之，所謂順則成人成物也；人之知卻是反而求之，所謂逆則成聖賢也。（《盱壇直詮》上卷，頁 97）

> ……曰：此兩個炯然各有不同。其不待反觀者，乃本體自生，所謂知也；其待反觀者，乃工夫自生，所謂覺也。（同上書，頁 91）

這裡，近溪以「天之知」與「人之知」，或「知」與「覺」之相對照，來區別兩種知能。則此所謂的本體自生之「知」或「天之知」，當指圓融義下之乾坤知能，即良知之「本來面目」；而如前文所述，近溪既認為陽明所言之良知有遺漏「良能」義，而只淪為「格其不正以歸於正」的道德主體義之嫌，則此處所謂的由「反觀」工夫所生之「覺」或「人之知」，當指後世學者從陽明因地義所言而尚待修證，或依「逆覺體證」工夫與物對治後始步步呈顯之良知主體義，即其所謂之良知「相對面目」。對此二義之良知，近溪曾以「至大至久者」與「忘其大而求其小，棄其久而索之暫」，之對照義加以判析，並謂當代學者大抵皆流於集說講套而從後一義言之，實心體未透。〔註26〕

那依這二義之知能做工夫有何差別呢？近溪以兩種不同之工夫進路加以對照：

東京：明德出版社，昭和 48 年出版。

〔註26〕近溪曰：「蓋知能似有兩樣，若麤淺分別，則知能有至大至久者，今則忘其大而求其小，棄其久而索之暫矣。何言乎大也？自中國以及四夷，自朝市以及里巷，無人不有此良知良能，何其大也；自晨星以至夕寐，從孩提以至老耄，無時不用此良知良能，何其久也。此個知能平鋪在聖凡，洋溢乎宇宙，性之原是天命，率之便是聖功。爭奈他之則自然而知，不假些子思想；能則自然而能，不費些子力氣學習。有知之實，無知之名；有能之用，無能之跡。究竟固云久大，當下卻似枯淡。後世學者把捉不著，卻從新去學問矣開明其心，從新去效法以強力於己。此其工夫，比之不慮不學之初，更有許多意趣，許大執持，確信以為入聖途徑，授受傳至於今，訓詁蔓延充棟，詎知四書五經之知能，不是今日之集說講套也」（《盱壇直詮》，上卷，頁 109～110）。

> 學問原有兩路，以用功爲先者，意念有個存主，言動有個執持，不
> 惟己可自考，亦且眾所共見聞；若性地爲先，則言動即是現在，且
> 須更加平淡，意念亦尚安閒，尤忌有所做作，豈獨人難測其淺深，
> 即己亦無從驗其長益，縱是有志之士，亦不免捨此而趨彼矣。然明
> 眼見之，則眞假易辨也。（《盱壇直詮》，頁 189）

「以用功爲先」，即循因地義之良知相對面目做工夫，此即所謂的「從工夫以
復本體」之「漸教（修）」工夫。此時作爲工夫根據之良知本體尚與感性意念
等氣性生命處於主客對治狀態，而工夫著力點亦惟在念念存天理去人欲等對
治工作，故謂「意念有個存主，言動有個執持」；同時，在此主客之對治執持
中，工夫仍有跡可循而顯一「工夫相」，且本體尚未全體呈現，故謂「爲人己
所共知」。

　　「以性地爲先」，即是所謂的「徹悟本體」或「頓教」之工夫，近溪以「潛
通默識」來說明此悟的工夫歷程，並以形象之比喻來形容其中自我與本體之
關係：

> 聖賢與仁多矣，最切要者，莫踰體之一言，蓋吾身軀殼原只血肉，
> 能視聽言動者，仁之生機爲之體也。推之天地萬物，極廣且繁，亦
> 皆軀殼類也，默識潛通，則何我體之非物，而物體之非我也？譬之
> 巨釜盛水，眾泡競出，人見其泡之殊，而忘其水之同也。孺子入井
> 境界，卻是一泡方擊而眾泡咸動，非泡之動也，釜水同是一機，固
> 不能以自已也。（《盱壇直詮》上卷，頁 59～60）。

這裡之「體」顯非就陽明致知歷程中所凸顯之道德主體而言，而是從存有論
上萬物一體之層次言之，故謂「仁之生機以爲體」；在默識潛通（悟本體）後，
主體自我之性相已全然融通於此一體之生機中，近溪並以此境界詮釋孟子精
神，故謂其孺子入井境界「卻是一泡方擊而眾泡咸動」，不是主體本身之作用
使之，而是此物我一體之生機本體使之：「釜水同是一機，固不能以自已也」。
因而，在工夫進程上，若能先悟得此原本與萬物爲一體之生機本體，工夫自
然簡易直截：

> 問。陽明先生：莫謂天機非嗜慾，須知萬物是吾身。其旨如何？羅
> 子曰：「萬物皆是吾身，則嗜慾豈出天機外耶？」曰：「如此作解，
> 恐非所以立教」曰：「形色天性，孟子已先言之。今日學者，直須源
> 頭清潔，若其初志氣在心性上，透徹安頓，則天機以發嗜慾，嗜慾

莫非天機也。若志氣少差，未免軀殼著腳，雖強從嗜慾以認天機，
而天機莫非是欲矣」〔註27〕

依陽明，良知非七情六慾，亦不離七情六慾，若工夫精敏純熟到達萬物一體
之境界，則「七情順自然之流行，皆是良知之用」（《傳習錄‧黃省曾錄》，第二
九○條），故謂：莫謂天機非嗜慾，「須知」萬物是吾身；依近溪之圓頓本體
義，萬物本與吾身為一體，若能先有一源頭清潔、透徹安頓之心性工夫（徹
悟本體），則直下是「天機以發嗜慾，嗜慾莫非天機」。故近溪亦嘗曰：「人能
體仁，則欲自制。傳曰：太陽一照，魑魅潛消，是矣」（《盱壇直詮》，頁187），
在工夫進程上，顯與陽明之主用功為先者有所不同，故問者亦質疑「如此作
解，恐非所以立教」；然依近溪，若能於果地良知本源清澈，則因地起修之工
夫自然簡易直截、亦好入手了。

二、近溪論學之特殊取向

> 問，良知宗旨，故重在覺悟，但不識如何起手，後卻如何結果？曰：
> 「孟子云：可欲之謂善。只此一語，起手也在是，結果也在是」。曰：
> 「此語謂知起手則可，如何卻是謂之結果也？」曰：「人若不認得結
> 果東西明白，分曉了，則其起手，亦必潦草混帳；所用工夫，亦必
> 不能精采奮屬，而勇往無疑也。……故聖賢之學，於起手處，便即
> 可結果；若不可結果的東西，必不以他起手。……」〔註28〕

事實上，這兩種工夫教法，實相當於陽明學中「四有句」與「四無句」之工
夫進路，本文於此暫不涉及此二者之細部內容及其在王門諸子間所引起之相
關爭議，〔註29〕只先指出，近溪既自承不契於陽明之工夫進路看，則我們亦
不須把其在本體論所採取之種種圓融義表示，視為依循「用功為先」進路工
夫精敏純熟而來者；顯然，在教法上，近溪是先預設一「性地為先」之「徹
悟本體」工夫，再依此圓融境界，作為其因地起修之根據：〔註30〕

> ……問之，果夜來於仁體有悟。故此性惟不能知，若果知時，便骨

〔註27〕見《羅近溪全集抄》，頁461，同註25。

〔註28〕見《羅近溪全集抄》，頁479，同註25。

〔註29〕有關陽明學中「四有」與「四無」爭論之詳細討論，可參閱王財貴《王龍溪
　　　　四無說析論》，師大國文研究所碩士論文，民國80年6月。及高瑋謙《王門
　　　　天泉證道研究》，中央大學哲學研究所碩士論文，民國82年5月。

〔註30〕這一論斷，事先曾得中正大學中文研究所謝大寧教授之啟導，特此誌謝。

> 肉皮毛渾身透亮，河山草木大地回春，如人驟入飽所，則色色珍奇，
> 隨取隨足。或夜光而無所不照，或為如意而無所不生。安有見不能
> 常，持不能久之弊。苟仍前只是舊日境界，我知其必然未曾有知也。
> 《盱壇直詮》，頁 197）

從所謂的「苟仍前只是舊日境界，我知其必然未曾有知也」看，足見此知或
悟乃為一境界之顯現。同時，由其「或夜光而無所不照，或為如意而無所不
生。安有見不能常，持不能久之弊」之象徵性描述看，此悟後（體仁）之境
界確可而為一種教法之起點。那這種工夫如何做起？其所做的又是哪一意義
下之工夫呢？

首先，近溪主張這兩路工夫應「並歸一路」，而以「先知、先覺」（天之
知）覺「後知、後覺」（人之知）：「故曰：以先知覺後知，以先覺絕後覺。人
能以覺悟之竅，而妙合不慮之良，使渾然為一，而純然無間，方是睿以通微，
又曰神明不測也」（《盱壇直詮》上卷，頁 97）。那這兩種工夫又如何能並歸一
路呢？依近溪，此果地良知本即圓通無礙、徹古徹今、遍在聖凡，現實上，
人則因聞見智識之執持而失其赤子之本真，因此所謂的悟本體，強調的只是
一種「剝落淨盡，不掛絲毫」之工夫：

> 孫懷智問本體如何透徹。師曰：「難矣哉！蓋聰明穎悟，聞見測識，
> 皆本體之障，世儒以障為悟者多矣。若欲到達透徹景界，必須一切
> 剝落淨盡，不掛絲毫始得。甚矣透徹之難也！」。（《盱壇直詮》，卷
> 上，頁 39）

這裡所謂的「剝落淨盡，不掛絲毫」，即其所謂的「渾身放下」或「真訣點化」
之悟本體工夫；然近溪既不先從逆覺體證以言致良知，則此並非指主體意義
下工夫之純熟、自然、無執；而當從其「性地為先」意義下加以理解：

> 天理二字，是某自家體貼出來，此明道先生語也。蓋明道之學先於
> 識仁，其謂不須窮索，不須防檢，直是見得此理與天同體，沖漠而
> 無朕，如何所得？運行而無跡，如何執得？然孩提不慮而知是與知，
> 孩提不學而能是與能，則又天之明命在人自耳虛靈，天之真機在人
> 自耳妙應。故只從此須臾之頃悟得透、信得及，及良知以為知，若
> 無知而無所不知；良能以為能，若無能而自無所不能。所謂明德也，
> 應如是而明，所謂率性也，應如是而率，赤子之心不失，而大人入
> 聖之事備矣。不然，從思索以探道理，泥景象以成操持，彼方自謂

　　用力於學，而不知物焉而不神，跡焉而弗化，於天然自有之知能，
　　日遠日背，反不若常人，雖云不識向學，而其赤子之體固渾淪於日
　　用之間，若源泉雖不導而自流，果種雖不培而自活也。（《羅近溪先
　　生明道錄》，卷七，頁21）

此「與天同體」之天理，即近溪從乾坤知能而言生生不息之果地良知，此理
本即渾淪無跡地遍及天地萬物而執索不得；而欲悟此本體首當「剝落淨盡，
不掛絲毫」地掃除「聰明穎悟，聞見測識」等心識之操持，而採取一「虛靈
妙應」之姿態而直接與之契合；依近溪，若體上工夫透徹，信得及、悟得透，
此良知心體當下便「若無知而無所不知，若無能而自無所不能」地渾淪流行
於日用之間，而不須自我心識之任何操持，此即其所謂的「以天理之自然為
復」之工夫進路。然則，此並非不作工夫。反之，因本體透徹，工夫反而「若
源泉雖不導而自流，果種雖不培而自活也」，不會間斷；否則，若體上工夫不
透徹、心體未悟，便徒事於用功為先之心識操持工夫，便是「從思索以探道
理，泥景象以成操持」，工夫反而易間斷了。顯然，此一工夫有其特殊意涵而
不同於陽明。

　　再者，分別地說，近溪對這兩種不同的工夫進路之褒貶的是相當明顯的，
〔註31〕且以二者之不同實為「異質之區隔」，是決定聖凡之關鍵，但「聖凡」
之判準，卻在於工夫之間斷與否了：

　　問別後工夫嘗苦間斷，奈何？子曰：「工夫得不間斷方是聖體，若稍
　　覺有間，縱是平日說有工夫，亦還在凡夫境界上輾轉，都算不得帳。
　　故學者欲知聖凡之別，只在自考工夫間斷不間斷耳」。曰：「工夫不
　　能超凡入聖，恐多是不熟所致」曰：「凡境與聖體相去如天淵之隔，
　　相異猶如水火之反。凡境工夫縱熟，亦終是凡，如水縱熱，亦只是
　　水，不可為水熱極便成火也」（《盱壇直詮》上卷，頁115～116）

據此，所謂的「聖體工夫」，當指「並歸一路」，先澈悟本體再行道德實踐之
工夫，工夫自然源泉不斷了。事實上，近溪整套哲學之提出，正是以其個人

────────────────

〔註31〕依近溪，依「天之知」而性之或率之自是一「性地為先」之工夫進路；相較
　　　　之下，近溪固未否認依反觀或逆覺而操持、用功為先者，至其工夫純熟時亦
　　　　可在某種程度上說「成道入聖」，然終究非如孔子之「聖之時者」之大聖。且
　　　　若不能並歸一路，而徒以後知、後覺為工夫，雖「更有許多意趣，許大執持」，
　　　　然而，依此現成之乾坤知能境地觀之，即此「許多意趣，許大執持」，便是光
　　　　景之源了（有關光景論問題之討論詳見本文第五章第一節）。

徹悟後之超越境界為基點；在此基點上，非惟自己「骨肉皮毛渾身透亮」，且「河山草木大地回春」，在他眼中，眼前天地萬物亦非只具經驗意義，而直是至道之呈顯了。在此意義下，近溪謂：

> 吾人此身與天下萬世，原是一個。其料理自身處，便是料理天下萬世。故聖賢最初用功，便在日用常行，而日用常行，只是性情好惡。我可以通於人，人可以通於物，一家可通於天下，天下可通於萬世，故曰：人情者，聖人之田地也。……若不認得日用皆是性，人性皆是善，蕩蕩平平，了無差別，則自己工夫先無著落處，又如何去通得人，通得物……。（《盱壇直詮》頁 23）

基本上，這是以悟後境界為基點，而賦予經驗上之日用常行一「本體化」或形上之意義，天地萬物皆是此生生本體之如如呈顯：日用皆是性，人性皆是善，此百姓日用之道即通於天下萬世之道。聖賢之最初道場在此，其最終境界亦不離此百姓日用常行，此自是一「極高明而道中庸」之境界。對羅近溪來說，此一教法正是承繼泰州學派「百姓日用是道」之特殊傳統，並賦予一本體論根據及特殊工夫進路之轉折而來者，而此亦形成近溪哲學之殊勝處。基本上，這和陽明良知學之工夫進路是有所歧異的。及近溪有一段話，頗能表述此特殊之為學取向與意境：

> 收拾一片真正精神，撿擇一條直截路徑，安頓一片寬舒地步，共好朋友涵泳優游，忘年忘世，俾吾心體段與天地為徒，吾心意況，共鳶魚活潑。（《盱壇直詮》，頁 165）

事實上，此一優游自在之境地，是澈悟本體後某種美學境界之呈顯；由此一美學境界進而從事道德實踐，正是近溪論學特殊之方向。下文，我們將進一步就其本體論與工夫論體系之形構，及其涉及之相關問題，作一全面之論述。

第三章　羅近溪之哲學本體論

第一節　近溪之本體論模型

一、近溪本體論之歷史淵源

　　一般而言，儒者之心性（本體）問題，是其真實道德實踐中首要之關切點，畢竟，道德實踐是以本體為其先驗或超越之根據，而其終點亦在對此本體之體驗或證悟。再者，儒者於其實踐中所體證者，並非僅止於道德界問題，究極地說，其中亦必涉及存在界，即天地萬物存在根據之「存有論」問題。

　　而西方哲學對存有之探討，大抵是從表明現象事物之「在」或「是」（to be）以言一「內在的存有論」（如範疇），若超越現象界，亦只言一「形式的存有論」（如柏拉圖之「理型論」等），或從上帝之創造萬物以言一「超越的神學」，這基本上是由觀解之形態以言存有論；相較之下，儒家則從事物之「生」（活動義）而反顯一超越的天道實體，來說明天地萬物之存在根據，而形成一「即存有即活動」、「既超越又內在」之「動態的存有論」。〔註 1〕再者，對儒者來說，此作為道德實踐超越根據之心性本體，與作為天地萬物存在根據之天道實體，本即具有「內在之同一性」，在存有論上本是「同根同源」的，甚至就是同一實體。因而，當儒者於其道德實踐中，由義精而轉熟，必然有一與天地萬物渾然為一體之深刻體驗，此內在經驗，一方面形成儒者道德實踐之根

〔註 1〕 這裡之論述見牟宗三先生《圓善論》一書，附錄「存有論一詞之附註」，頁 337
　　　　 ～338，學生書局：民國 74 年 7 月初版。

源動力；另一方面，儒者亦因此而對天道「生化」之本質有一如實之了悟，然則，此並非經驗義上對萬物「型構之理」的理解，而是就超越義上對天地萬物之存在秩序作一「價值意義」之詮釋：宇宙秩序即道德秩序，道德秩序即宇宙秩序，此即形成牟宗三先生所說的，儒家之「道德的形上學」，此乃一種「本體宇宙論」之本體表述方式。〔註2〕

再者，依牟先生之詮釋系統，宋明儒學中（程伊川、朱子一系除外），對此道德的形上學或本體宇宙論，可依儒者工夫進路之不同而有兩種表述方式。（一）、如北宋之周濂溪、張橫渠、程明道等人，皆先據《易傳》、《中庸》以著重於客觀面的天道論系統之建構，其後之胡五峰、劉蕺山等人，更據此再回歸主觀面《論語》、《孟子》之道德實踐義，而形成一「以心著性」之實踐體系。（二）、陸象山、王陽明一系則直就主觀面之本心良知以言道德實踐，及其與萬物爲一體之極致，則主觀面本心良知之生化亦即客觀面天道之生化，並據此以言一道德的形上學。基本上，這兩系涉及道體之主觀性與客觀性原則：「人能弘道，非道弘人」。「非道弘人」，天道天德本是客觀地「潛在自存」於天壤間，必待屬主觀（體）之人以弘之，道始得以彰顯出來，此則爲道體之客觀性原則；反之，「人能弘道」，以孔子之「踐仁以知天」爲例，踐仁是主體生命之感通潤物，然於此層層感通中必至「上達天德」而後已，而客觀言之的天道、天德，即於此層層感通中被彰顯出來，這是道體之主觀（體）性原則；要之，道之主觀義必通達至客觀義而後已，客觀亦必待主體性弘揚之始得彰顯，〔註3〕故牟先生認爲，此二系之道德形上學實爲「一圓圈之兩往來」。同時，牟先生也指出，在本體之表述方面，程明道之「一本論」模型及承此而有之「以心著性」一系實更爲圓滿：

> 象山與陽明既只是一心之朗現，一心之伸展，一心之遍潤，故對客觀地自「於穆不已」之體言道體道體性體者無甚興趣，對于自客觀面根據根據「於穆不已」之體而有本體宇宙論的展示者尤無多大興趣。此方面之功力學力皆差。雖其一心之遍潤，充其極，已伸展至此境，此亦是一圓滿，但卻是純從主觀面伸展之圓滿，客觀面究不甚能挺立，不免使人有虛歉之感。自此而言，似不如明道主客觀面

〔註2〕相關論述見牟宗三先生《心體與性體》（冊一），綜論部，頁8～10，正中書局：民國74年8月台初版。

〔註3〕見牟宗三先生《中國哲學之特質》，第七講，學生書局。

皆飽滿之「一本」所顯之圓教模型更爲圓滿而無憾。蓋孔子與孟子
皆總有一客觀而超越地言之之「天」也。此「天」字如不能被擯除，
而又不能被吸納進來，即不能算有眞實飽滿與圓滿。是則《中庸》
《易傳》之圓滿發展當係必然者，明道之直下通而一之而鑄造圓教
之模型亦當是必然者，而由此圓教模型而開出之「以心著性」義（五
峰學與蕺山學）亦當是必然者……須知在成德之教中，此「天」字
之尊嚴是不應減殺者，更不應抹去者。如果成德之教中必涵一「道
德的形上學」，則此「天」字亦不應抹去或減殺。須知王學之流弊，
即因陽明於此處稍虛歉，故人提不住，遂流于「虛玄而蕩」或「情
識而肆」，蕺山即于此著眼而「歸顯于密」也。〔註4〕

如前文所述，泰州學派如王艮之言百姓日用是道的哲學發展，正遺漏了此超
越義的天理；而近溪既承泰州學派家風以言學，他是自覺地於本體論上有一
補偏救弊之方以因應之，故他並非從陽明良知主體之感通覺潤，而是從圓融
意義上與萬物爲一體之乾坤知能以言本體，亦已如上一章所述。這一本體論
模型又如何建立呢？於此，我們注意到宋儒中盛言「一本論」與「仁者渾然
與物同體」之程明道，與近溪本體論間之理論關聯。〔註5〕

　　明道所謂的「一本論」其實義爲何？在「一本論」下，其對本體又如何
表述呢？依牟先生的詮釋，簡言之，明道是以天、帝、天道、誠體、仁體、
性體、寂感眞幾、於穆不已之體等名稱，或總名爲「理」或「天理」來表述
一「本體宇宙論之實體」。從客觀面說，此本體乃天地萬物「存在之理」或「實
現之理」。就其爲萬物存在之根源說，乃一動態的宇宙生化之理，是「一」，
就其於氣化之行程中散殊爲天地萬物而言是「多」，此乃動態之「一」所顯發
之一貞定狀態或靜態之理（普遍理則），而「寂顯爲一」，此本體宇宙論之實
體，同時亦爲道德創造之實體。從主觀之心性本體看，明道說「只心便是天，
盡之便盡性，知性便知天，當處便認取，更不可外求」（《河南程氏遺書》卷
第二上，二先生語二上，頁16），〔註6〕主觀之心性與客觀之天道顯已通而爲

〔註4〕　《心體與性體》（冊一），頁48。
〔註5〕　牟先生亦言近溪兩面飽滿。事實上，近溪亦直言其所謂的「體仁」之教法或
　　　　「仁者渾然與物同體」之本體表述法，正是承繼明道「一本論」意義下之「識
　　　　仁」說而來者。且其於宋明儒中，多引明道之言而少提他人。
〔註6〕　本文所引程明道語見《二程集》，漢京文化事業公司：民國72年9月初版。
　　　　下引明道語將直標頁碼不另加註。

一本體；而所謂的「一本論」，是指無論就主觀面或客觀面說，皆只是以此「本體宇宙論之實體」之道德創生或宇宙生化之「立體直貫」。〔註7〕明道說：

> 觀天理，亦須放開意思，開闊得心胸，便可見。打撲了習心兩漏三漏子。今如此渾然說做一體，猶二本，那堪更二本三本？今雖知「可欲之爲善」，亦須實有諸己，便可言誠，誠便合內外之道。今看得不一，只是心生。除了身只是理。便說合天人，合天人，已是爲不知者引而至之。天人無間。夫不充塞則不能化育，言贊化育，已是離人而言之。（《河南程氏遺書》卷第二上，二先生語上，頁 23）。

> 言體天地之化，已剩一體字，只此便是天地之化，不可對此個別有天地。（《河南程氏遺書》卷第二上，二先生語上，頁 18）

這裡所謂「如此渾然說做一體，猶二本」，當指未能先於本源上肯認人與天地萬物皆同源於一本體，且形成一整體之意義關連，則即使於工夫上「渾然說做一體」，尚須言「合」天人，故謂之「猶二本」；故雖知「可欲之爲善」，亦須「實有諸己」（悟得天人本源於同一本體），自然可即主體之誠而合內外之道了。因此，若能工夫純熟，先將習心習氣收拾乾淨，則心胸自然開闊、不沾滯，則於天理自能「觀」、「見」得親切（今看得不熟，只是心生，工夫不熟），而達致一本化境之道。如此則天地間，除了吾人此身與一天理之充塞、流行之外，更無他物了（除了身，只是理）。此「身」當下即是天理流行、天地的化育之充塞所在，是人而天，天而人，通體透明的。倘若尚言「贊」化育，實爲天人尚有隔，故謂「已是離人而言之」；同理，若尚言「體」天地之化，亦已「剩」一體字了。在這意義上，明道說：「天人本無二，不必言合」（《河南程氏遺書》卷第六，二先生語六，頁 81）。工夫若至圓頓境界，道自然一本而現而不必言合天人；由此境界亦將証成，在存有論上，天理與人事（身）皆同源於一本體宇宙論之實體，且形成一整體之關連而不相隔離。這意思在明道著名的〈識仁篇〉中更有清楚之表示：

> 學者須先識仁。「仁者」渾然與物同體。義理智信皆仁。識得此理，以誠敬存之而已。不須防撿，不須窮索……此道與物無對。大不足以明之。天地之用皆我之用。孟子言「萬物皆備於我」，須反身而誠，乃爲大樂。若反身未誠，則猶是二物有對。以己合彼，終未有之，

〔註 7〕有關牟先生對明道「一本論」之詮釋，見《心體與性體》（冊二），第三部，分論二，頁 91～116，正中書局：民國 74 年 8 月台初版。

又安得樂？……（《二程全書》遺書第二上，二先生語二上。呂與叔
東見二先生語）

依牟先生的詮釋，明道所謂「仁者渾然與物同體」，係採以人表法之方式，就
「仁者」之境界以表「仁」，其實義則在說仁之內涵。然既說「仁者渾然與物
同體」，則其仁心之感應自能遍物而不遺，故謂「此道與物無對，大不足以明
之」。而吾人若能於工夫上「反身而誠」而至一本化境，自能體証到人與天地
萬物皆源於同一本體，自可言「萬物皆備於我」，且「天地之用皆我之用」了。
若不能於本源上有此體認，則人與萬物終究是相對待的（猶是二物有對），頂
多只能「二本」地言以己合彼，此終究是本源未透：未真識得仁體（終未有
之）。

　　因此，就文獻之詮釋立場看，牟先生認為明道之一本論，乃就「為道」（工
夫）之純熟、圓頓化境意義下始可言之：

所謂「道、一本也」，不是抽象地反顯道之為本體，乃是言「為道」
（「人之為道而遠人之為道」）而至明澈之境，成為圓頓的顯現，此
方真正是道，即方是具體而真實之道，此是圓頓地為道上之一本，
不是分解地就道體本身說一本。〔註8〕

這裡所謂的「明澈之境」、「圓頓的顯現」即指道德實踐之化境而言。因此，
基本上，依牟先生的詮釋方式，從「本體論地圓具」立場說，固可依一「藝
術性之觀照意味」而謂此於穆不已之天命實體亦「內具於萬物而為性」，而謂
「萬物皆備於我」之萬物一體義，以見此本體之遍體萬物，而無物我內外之
分；但就「道德實踐的具」而言，則端只人能自覺地作道德實踐與創造，而
彰顯地「完具此理」，以言「萬物皆備於我」，而物不與焉。〔註9〕因此，所謂
的「仁者渾然與物同體」或「萬物皆備於我」之義，牟先生亦認為此乃由工
夫上，主體仁心之「覺潤」與「道德創生」所達致之境界。〔註10〕其中，只
要吾人一念警策，固可言此心當下即與萬物為一體；但在終極意義上，所謂
的「仁者渾然與物同體」之圓頓境界，終究是要在工夫上義精仁熟而私慾剔
除淨盡之化境意義下始可言之，其間顯然須歷經工夫上無限之辯證歷程始可
言之。故謂明道所謂的一本論是「圓頓地為道上之一本，不是分解地就道體

〔註8〕　《心體與性體》（冊二），頁104。
〔註9〕　《心體與性體》（冊一），頁71～72。
〔註10〕　《心體與性體》（冊二），頁224。

本身說一本」。

　　然則，近溪對明道「一本論」與〈識仁篇〉諸說，卻採取一特殊之詮釋立場，文獻記載：

> 問默而識之。子曰：「此即程子所謂先須識仁也。蓋仁者渾然與物同體，此體既與物同，則教學又豈容二哉？故教不徒教而必以學，直己陳德而不敢欺也；學不徒學而必以教，與人爲善而不敢私也。教學相長，仁己夾持，以故有親有功，可久可大，而又何厭之有哉？程子曰：「以己合彼，猶是二物有對，又安能樂？」又曰：「能存之而樂，亦不患其不能守也！」（《盱壇直詮》上卷，頁56）

> 問：程子既云仁者以天地萬物爲一體。又云仁者渾然與物同體，意果何如？子曰：「天地之大德曰生。夫盈天地間只是一個大生，則渾然只是一個仁矣。中間又何有纖毫間隔，又何從而分得天地分得萬物也……」。（《盱壇直詮》上卷，頁57）

依近溪，第一則引文中所謂的「蓋仁者渾然與物同體，此體既與物同，則教學又豈容二哉」，顯然是直接由存有論上之「仁者渾然與物同體」，以言「教不厭即學不倦」之道德實踐義。就道德實踐之因果關聯而言，並非由人道德實踐上「教不厭即學不倦」之精誠測怛，或工夫純熟爲因，始可言體悟仁體或果地上之渾然與物同體；相反地，正是以存有論上「仁者渾然與物同體」爲因，始有此道德實踐上之「教不厭即學不倦」之果。依近溪之詮釋，明道所謂的一本論，正是以存有論上「仁者渾然與物同體」爲因，於此而能「存之而樂」，自有道德實踐上「亦不患其不能守也！」之果。第二則引文中所謂的「盈天地間只是一個大生，則渾然只是一個仁」，則直接從存有論立場肯認人與天地萬物皆在此生生本體之涵籠蘊潤中，而「何從而分得天地分得萬物」。在因地上既已先肯定人我渾然爲一體，則工夫上自可直言「只立人即所以立己」、「只達人即所以達己」，而不須先從主體以言立己與達己。這意思，在其區別渾然同體與兼愛之別中更爲明顯：

> 問：渾然同體與兼愛之學何別？子曰：「體之爲言，最可玩味。夫體即身也。頭目居上，四肢居下，形骸外勞，心腹內運而身乃成焉。愛豈無差等哉？」或曰：「既是一體，終恐流於兼愛耳」。曰：「君知所恐，自然不流矣。但恐君心或過於恐，無愛之可流耳」。（《盱壇直詮》上卷，頁60）

這裡所謂的「體即身也」，是說明此「渾然同體」，正如吾人一「身」之中，自其運作上之天然法則或主從理序，故由此存有上渾然同體爲因，其發爲道德實踐自無患其無價值秩序上愛之差等之別，只恐此一體義體認不切而無愛之可流。顯然，這並非如牟先生所言，是由由道德感所引發或道德化境下之天地同體感，而是視天地之實相本即是萬物一體的，亦即，吾人可直接由存有論上言此萬物一體義，再以之爲道德實踐之根據。然則，在理論上，這一說法將面對一質疑。即，若依牟先生的說法，在存有論上，吾人縱可如近溪般地先說出一套天道生化系統，姑不論此系統之形態爲何，究極而言，此一天地實相之展示，終究是要由吾人之道德實踐加以證成的，否則，其整套系統即有淪爲西方觀解式的「獨斷形上學」之危險。這問題，涉及近溪存有論表述之特殊模式問題。

二、近溪本體論之特殊表述模式

基本上，近溪視儒家主要經典如《易傳》《大學》《中庸》等書，皆是聖人（孔子）所親作。在詮釋上，亦以聖人境界爲依據，視此等經典乃聖人澈悟天地實相，貫通天人知道而有之境界顯示。在這意義下，此本體論上之萬物一體義，便不再被視爲近溪個人獨斷式之觀想，而是以聖人之表述爲依據的。這意思，在其論及作爲其存有論根據之《易》道時，更是明白表示出來。

基本上，近溪認爲聖人之作易，乃源於對宇宙根本實相之「頓悟」：人與天地萬物爲一體，在此悟道之精神境界下，《易》之卦爻系統及語言，便是聖人對宇宙真相（本體）之展示：天地萬物本是一體。這方面，我們可從近溪對「易道」之兩種理解角度作爲探討的起點。

（一）就原初作易者（伏羲、文王、周公）之「立卦顯象」而言，近溪視伏羲之「自無畫而有畫」，乃基於對宇宙本體之「原初的洞見」（悟）而來者：

> 蓋伏羲當年亦儘將造化著力窺覷，所謂仰以觀天，俯以察地，遠求諸物，近取諸身。其初也，同吾儕之見，謂天自爲天，地自爲地，人自爲人，物自爲物，爭奈他致力精專，以致天不愛道，忽然靈光爆破，粉碎虛空，天也無天，地也無地，人也無人，物也無物，渾做個圓團團，光燦燦的東西。描不成，寫不就，不覺信手禿點一點，元也無名，也無字，後來只得喚他叫做乾，喚他作太極也，此便是性命的根源。（《盱壇直詮》上卷，頁29～30）

所謂的「爭奈他致力精專，以致天不愛道，忽然靈光爆破，粉碎虛空」，乃是對伏羲「悟本體」歷程或狀態之描述：生命整體由經驗意義「天自為天，地自為地，人自為人，物自為物」之物我分隔，透過生命整體境界「頓時」之轉換，躍升為「天也無天，地也無地，人也無人，物也無物」，當下即與萬物渾融為一體之圓融境界，而以乾或太極來表述此宇宙生命整體實相之根源。同樣地，文王之立卦顯象而演為六十四卦二八四爻系統，亦是在一「不識不知，順帝之則」、「無然歆羨，誕先登於岸」（《明道錄》卷四）之精神境界下，而對此宇宙本體之象徵性展示。

　　（二）依近溪，孔子演易韋編三絕而作之《繫辭》，亦是在此一體境界下而有之言語顯現：

> ……及到孔子，又加倍辛勤，韋編之堅，三度斷絕，自少而壯而老，直至五十歲來，依然乾坤渾沌貫通一團，而曰天命之謂性也。居常想像無夫子此言出口之時，真傾瀉銀漢，盡吸滄溟以將潤其津唾，扶搖剛風，轉懸漢瀨氣以將舒其喘息。又何天之不為我，我之不為天；命之不為性，性之不為命也耶？自是以後，口悉皆天言，而其言自時；身悉皆天工，而其動自時。天視自我之視，天聽自我之聽，而其視其聽亦自然無不時也已。（《盱壇直詮》，頁29～31）

依近溪，聖人依其天縱之聖之特殊生命氣質而工夫從未間斷，故能「直至五十歲來，『依然』乾坤渾沌貫通一團」，且以此「天人同體」之境界作為存有論表述之根據：天命之謂性。要之，對近溪來說，無論是伏羲之「自無畫而有畫」，文王、周公之立卦顯象，或孔子之「自有畫而無畫」、繫辭立傳，皆是在一徹悟本體之境界下之存有論表示；同時，非但聖人境界是貫通天人、圓融無礙，且天地萬物本即渾為一體，只是聖人以其先知先覺之身分證知而展示此「宇宙實相」而已。據此，吾人自可據聖人之義而先客觀地說此萬物一體義，而避開獨斷論之批評。〔註11〕事實上，如何先體證此存有論上萬物

〔註11〕基本上，近溪之本體論並非西方純粹觀解式之形上學。正如唐君毅先生所指出的，中國先哲「由此心所看出的世界，亦不必是指我們現有之心，所以如此看出之世界；而是此逐漸由修養而成就展現出的心，所看出之世界。其所了解之世界之畢竟真實之如何，亦不是離人之行為修養之實踐而了解的，而是透過人之行為修養之實踐而了解的。而，亦即與人生哲學、宗教與道德哲學，不能分離，並通貫人之知與行，通貫人之存在意識與價值意識，以成就建立之形上學」，見其《哲學概論》（下），頁996，學生書局。唐先生這段話，正為我們所詮釋的，近溪之以聖人境界作為本體論表述根據提供一立論根

一體之義，再證成吾人道德實踐之必然性，以建立一套特殊而接近所謂的「宇宙本體論」〔註12〕道德實踐系統，乃近溪哲學之首要課題。這任務便由作為存有論意義之「心」擔負。

第二節 近溪論「心」之存有論意義

一、心之生德與萬物一體

依前述近溪對明道一本論之理解，存有論意義上萬物一體之境界既是當下可言之，則在理論上，此心必須能當下即承擔萬物存有問題，而非陽明意義下與物有隔之道德主體。那此心又如何能當下即承擔存有問題呢？

首先，依近溪之特殊詮釋，此客觀而言之天心知體，非但具有宇宙生化之功能，且當下亦即有靈明感通之屬性：

> 余（近溪）曰：……即如「乾知大始，坤作成物」，雖乾坤，亦是此個知字。今問諸公，乾之為知，果是如何？一友答曰：「知即主也，易之卦爻，俱是以乾作主，如吾此心，亦是以知作主也」。余曰：「人心既是以知作主，而天心卻不是以知作主耶？止因今世認知不真，便只得把主字來替知字。不想天若無知，也作主不成。《易》謂極深研幾，又謂窮神知化，俱是因此知體難到圓通，故不得不加許多氣力，不得不用許大精神」。（《明道錄》，卷六，頁19）

依近溪，若訓乾知之「知」為動詞義之「主」，而解「乾知大始」為「乾主大始」，則雖能表示宇宙之生化義，但未能顯發乾元自體之靈明感通義，故釋乾知之「知」為名詞義之「知體」。〔註13〕如此，主觀義之人心既可以「知」（良

據。依近溪，最圓融之本體論表述，當以聖人境界而非吾人自身實踐所得為根據，蓋聖凡所開眼目不同，其所見世界亦不同吧。而聖人之所見，亦即為宇宙實相。

〔註12〕這裡，有關「宇宙本體論」一詞，借用自林安梧先生《存有、意識與實踐：熊十力體用哲學之詮釋與重建》一書，頁19，東大圖書公司：民國82年初版。基本上，林先生以此一詞指攝熊先生之本體論，然誠如林文所指出的，宇宙本體論有宇宙中心論傾向，然亦非同於西方純粹觀解式之宇宙中心論形上學建構。在這意義上，本文認為羅近溪之本體論與熊先生有類似之處，故借用此詞以表述之。

〔註13〕牟先生則以動詞義之「乾主」詮釋王龍溪對「乾知」之解釋，見《現象與物自身》。

知）作主，則客觀義之天心（乾元）自亦可具靈明感通義，二者實同爲「一心」。那吾人又如何證知其爲一心呢？依近溪：

> 天地無心以生物爲心。今若獨言心字，則我有心，而汝亦有心。人有心，而物亦有心，何嘗千殊萬異。善言心者，不如以生字代之，則在天之日月星辰，在地之山川民物，在吾之視聽言動，渾然此生生爲機。則同是此天心爲復。故言下著一生字，便心與復及時渾合，而天與地，我與物，亦即時貫通聯屬，而更不容二也。（《盱壇直詮》上卷，頁 122）

> 宇宙其一心乎！夫心，生德也。活潑靈瑩，融液孚通。天此生，地亦此生也。古此生，今亦此生也。無天地無古今而渾然一之者也。生之謂仁，生而一之之謂心。心一則仁一，仁一則生無弗一也。……吾茲有取於易之乾坤矣。夫易，生生者也。夫乾之與坤，易之生生所由以合德者也。乾一坤也，坤一乾也。未有坤而不始於乾，亦未有乾而不終乎坤也。（《盱壇直詮》上卷，頁 34～35）

這裡近溪之主張以「生」字代心字，正是欲泯除由主體性言心，因各人體證不同所生之一一殊別相。如此，自可言「宇宙其一心乎！」，全宇宙亙古亙今皆在此一心生生之化中，不分物我而渾然爲一體。析而言之，此客觀之乾元（天心）作爲天地萬物之存有論根據，即是能使天地萬物生生不息而交感不已之一「生生之幾」。蓋物之爲物，若只是一一個體而不相涉，則是天地不生，亦無以爲物；而物之爲物，必恆處於生生不息中。其生，必先有所「感」（天地交感而萬物生）；其感，必有所「通」。吾人亦由此天地萬物之交感而生生不息上，見其有一「天心」（靈明之知）之終始不已在，而證知此統體之天地萬物，皆在此一乾元靈明之運化不已中而渾然爲一體。

又凡乾知之流行處，萬物生之又生，即有所「成」，即所謂「坤作成物」。坤作爲一順成之理，乃爲乾知所統，是爲乾知坤能。如此，天地萬物皆在此乾知坤能之運化中而生成不已，即是一「仁體」之流行，故謂「生之謂仁」。萬物之能在仁體之流行中，既感而生，生而成，乃在一「生之又生」而不間斷之運化中，亦足見其中有一「主宰」（統一）在，此即「天地之心」之存在處，故謂「生而一之謂心」。此作爲主宰之「天地之心」，並不離仁之生機而言；而仁之生機亦不離此天地之心，故謂「心一，則仁一；仁一，則生無所不一」。

要之，在乾知坤能之作用下，統體天地萬物皆在此生生之幾之運化中，

而渾然交感爲一體，這是從存有論上言萬物一體之義。

至就主觀義之吾心良知而言，此固屬自覺義之知。然吾心良知之靈明，若亦順此乾知大始流行之不已，不自限隔其感通之用，亦不陷溺於物而有所執滯，使天地萬物亦皆在其靈明之感通中而不遺，則亦等同於乾知之流行而無別。此即「復其見天地之心」、「復以自知」之義。復乃不離此心之生機而言之，能復，則直下即見統體天地萬物皆在此仁之生機（一心）之運化中，渾淪感通不已而無物我之別，故謂「言下著一生字，便心與復及時渾合」。這是就吾人價值之創造意涵而言萬物一體之境界。〔註 14〕顯然，由此心之生生而言之萬物一體有兩種層次可言，那這兩層次之萬物一體義又有何關聯呢？

二、萬物一體——存有義與道德實踐義之連貫

依近溪，今盈宇宙、遍天地，既只是此「唯一眞心」（生生之幾）之充盈遍現，而無物我之別。則在存有論上，此心此仁之生機自不只限於人，而統物而言之。然則，在價值創造上，所謂「仁者，人也」。基本上，承明道「人則能推，物則氣昏推不得」之義，近溪亦肯認「民受天地之中以生」之古義，視人爲價值意義之創造者，而與物有別。〔註 15〕其所謂的「知人之所以爲人，即知人之所以爲天，知人之所以爲大矣」（《盱壇直詮》上卷，頁 32），正是從價值意義上肯認人之存在於天地間之意義。

然依近溪，人與物雖有能否行價值創造之別，但人之所以能行價值創造，其動力卻源於存有論上人之與天地萬物爲一體：「夫知天地萬物以生而仁乎我，則我之生於其生也，仁於其仁也，斯不容已也」（同上引文），此即前文所述「悟存有以言道德實踐」之義，於此萬物一體義體悟眞切，則道德實踐斯亦不容自已；反之，本此萬物一體之仁之宇宙情懷，則吾人之道德實踐，必能推己及人，仁民愛物，達致視天下猶如一身之萬物一體境界：「生我之生以生天地萬物，仁我之仁以仁天地萬物，又惡能自已哉」（同上），這是從道

〔註 14〕 這裡有關近溪心之生生與天道乾坤之理解，主要藉助於唐君毅先生之詮釋，特此著明。唐先生文見其《中國哲學原論：原教篇》，第十六章：羅近溪之即生即身言仁，成大人之身之道，第二節：心知與天道，頁 420～430，學生書局：民國 79 年 9 月全集校訂板。

〔註 15〕 近溪曰：「禮經云：天地之性，人爲貴。人之所以獨貴者，則以其能率此天地之性而成道也。如山水雖得天性生機，然只成得個山水，禽獸雖得天性生機，然只得個禽獸……」，見《明道錄》，卷八，頁 27。

德實踐以言萬物一體之境界：從道德以言存有。如此，吾人之道德實踐便是融貫這兩種層次之萬物一體義而達其極致，此即其所謂的「一以貫之」之道：「一也者，兼天地萬物而我其渾融合德也；貫也者，通天地萬物而我其運用周流者也」（《盱壇直詮》上卷，頁 31）。一方面，以存有論上之萬物一體為「體」，以證成道德實踐之必然性：「非一之為體焉，則天地萬物斯殊矣，奚自而貫之能也」（同上）；另一方面，則以道德實踐所達致之萬物一體為用，以保住存有論上萬物一體之價值意義：「非貫之為用焉，則天地萬物斯間矣，奚自而一之能也」（同上）。統而言之，皆是此生生之仁（心）之為用：「非生生之仁之為心焉，則天地萬物之體之用斯窮矣，奚自而一之能貫，又奚自而貫之能一也」（同上）。依近溪，吾人若能悟得此與萬物渾然為一體之仁心，則落實於「身」而言道德實踐，是當下可言一以貫之的：「吾人宗聖人之仁以仁其身，而仁天下於萬世也，固所以貫而運化之，一而渾融之者也，然非作而致其情也」（同上）。

再者，在道德實踐歷程中，此身與天地萬物乃又形成一「體用關係」：

> 盈天地之生而莫非吾身之生，貫天地之化而莫非吾身之化。冒乾坤而獨露，亙宇宙而長存，此身所以為極貴，而人所以為至大也。（《盱壇直詮》上卷，頁 12）

依近溪，吾人若能悟得此生生之仁之為心，即可證知，吾身與天地萬物本在同一生生本體之運化中而不分彼此，[註16] 且當身即是價值意義之承載者。則在道德實踐歷程中，此身與萬物間乃形成一「互為體用」之關聯：「我身以萬物為體，萬物以我身為用」。從因地上說，是「其初也，身不自身而備物，乃所以身其身」，身之所以為身，本即與萬物渾為一體，故能備物；從果地上說，是「其既也，物不徒物而反身，乃所以物其物」（《盱壇直詮》上卷，頁123），萬物又在吾身之潤化下而貞定其價值意義。在這意義下，此身之所以為身，顯然已非陽明意義下，會「順軀殼起念」之形軀身，亦非僅止於王心齋安身論中「統身（形軀）與心」而言之「價值身」，而是此天心知體之德用全體顯現意義下之「一體身」或「法身」。[註17]

[註16] 所謂「反而求之，則我身之目，誠善萬物之色；我身之口，誠善萬物之味；至我身之心，誠善萬物之性情。故我身以萬物為體，而萬物以我身為用」，見《盱壇直詮》上卷，頁 123。

[註17] 佛教所言之法身乃就諸佛所證之真如法性之身而言，這裡借之以言存有論意義上與萬物為一體之身。

　　基本上，近溪便是將整個悟存有與道德實踐之歷程，統攝於此「一心」而言之，於此，亦可言「心外無物」：

> 夫易者聖聖傳心之典，而天人性命之宗也。是故塞乎兩間，微乎萬世，夫孰非一氣之妙運乎？則乾始之，而坤成之，形象之森殊，天地人之所以爲命，而流行不易（已）者也。兩間之塞，萬世之微，夫孰非妙運以一氣乎？則乾實統乎坤，坤總歸乎乾，變見之渾融，是天地人之所以爲性，而發育無疆者也。然命以流行於兩間萬世也，生生而不容於或已焉，孰不已之也？性已發育乎兩間萬世也，化化而不容於或遺焉，孰不遺之也？是則乾之大始，剛健中正，純粹至精，不遺於兩間，而超乎兩間之外，不已於萬世，而出乎萬古之先，浩浩其天，了無聲臭，伏羲畫之一，以專其統，文王象之元，以大其生，然皆不若吾夫子之名之以「乾知大始」，而獨得乎天地人之所以爲心者也。夫始曰大始，是至虛而未見乎氣，至神而獨妙其其靈，徹天徹地，貫古貫今，要皆一知以顯發而明通之者也。夫惟其顯發也，而心之外無性矣。夫惟其明通也，而心之外無命矣。故曰：「復其見天地之心乎」？又曰：「復以自知」也。夫天地之心，非復固莫之可見；然天地之心之見也，非復亦奚能以自知耶？蓋純坤之下，初陽微動，是正乾之大始而天地之真心也，亦大始之知而天心之神發也。惟聖人迎其機而默識之，是能以虛靈之獨覺，妙契大始之精微。純亦不已，而命天命也；生化無方，而性天性也；終焉神明不測，而心固天心，人亦天人矣。（《盱壇直詮》上卷，頁47～49）

這一大段引文，實頗能展現近溪本體論之整體架構。基本上，近溪是以《易傳》中「乾坤並建」而「乾統乎坤」之易道，來表示人與天地萬物生生相繼又渾然爲一體之存有論根據，而具實言之，此乾坤知能又即是此充盈天地之唯一真心，故謂「易者聖聖傳心之典，而天人性命之宗也」。

　　析而言之，乾知即是天心、天道，坤能則就人心、人道而言之，統而言之，盈宇宙只是此唯一真心。因此，在道德實踐上，若能使天心爲人心之主，人心而歸於天心（「乾實統乎坤，坤總歸乎乾」）；「變見之圓融」，而「發育無疆」（生生不息），即能成就吾人乃至天地萬物之「性」與「命」（天命之性）。亦即，此客觀面之天道乾元固本即爲天人性命之根源，然其之所以能爲吾人價值創造之真幾，則仍有賴於吾人之顯發與證悟，此即所謂的「要皆一知以

顯發而明通之者也」。

依近溪，在存有論上，「天心」與「人心」在內容意義上固爲同一生生本體。然在工夫進程上，其既有「自覺」義的人之知與「超自覺」義的天之知之別；且如前所述，此超自覺的天心本身亦具靈明感通之性質，即天心與人心皆以「知」作主。則在境界上，所謂的「要皆一知以顯發而明通之者也」，此知雖統天人而言之，然其本質意義則是一「超自覺」義之天心知體。故只要「一知」之顯發，自然「心亦天心，人亦天人」，人心頓成天心，天人頓時渾然同爲一體，此心顯非工夫對治中之道德主體，而當下即是生化天地而超自覺之乾知坤能，故謂其「生化無方，神明不測」，自然是「心外無性」、「心外無命」了。〔註18〕近溪正是將此作爲人與天地萬物存有論根據之宇宙本體（天道實體），收攝爲一超自覺之天心知體，並以之爲吾人道德實踐之本體根據。落實來說，其有關存有論之種種表示，正是奠基對在此客觀而言之「一心」（天心知體）之體悟上。此天心知體固爲每一「主體」（一般意義之主體，泛指人而言）與天地萬物之存有論根據，但其本身卻不具「超越的主體性」之性格，而只是一遍存於天地間虛靈之生生之理，故當下即是與物渾然無隔的。

若依牟宗三先生之詮釋，近溪所謂的心外無性、心外無命諸命題，同時亦涵「心外無物」之義：心之所顯發而明通之者即物之所在。然牟先生同時表示：

> 心，性，命，理，乃同一概念之分析地自一；而心與物則只是一起朗現也。此一起朗現勉強可說爲在感應中統攝而爲一也。此種統攝乃是形而上之統攝，非認知的綜合也。形而上的統攝亦是統而無統，攝而無攝，只是在明覺感應中如如地一起朗現也。「知之顯發與明通」是渾一說。在此渾一的顯發與明通中，知體呈現，物亦呈現。「心外無物」是終窮地說者。「寂然不動，感而遂通天下之故」。寂是心體之自寂，感是心體之自感。具體的知體明覺自如此。並不是有一個

<hr>

〔註18〕 對此，牟宗三先生說：「畫之一，固空洞，即贊之以元，以稍接近其內容矣，然而仍是客觀地說之也。客觀地說之，只能抒其形式的意義。至於其眞實而具體的意義，則唯在點出『心』字。而心之所以爲心則在乎『知』也。我們所尊之大之的那個東西（總名曰乾健之德），其內容的（非外延的）意義全在心知處見也」。基本上，牟先生仍偏向主體良知以言之。故其又謂：「此則眞能實其統宗性與具體化其大生性者也。而且即以此『知』去實那客觀而形式地說的『性』與『命』字之具體而眞實的意義，而曰『心外無性』，『心外無命』」，見《現象與物自身》，頁96。

既成的天地萬物來感而後應之也。若如此，則是心外有物。是故在
明覺感應中一起朗現，由此而言「心外無物」，此是存有論地終窮之
辭也。即物而言，心在物；即心而言，物在心。物是心的物，心是
物的心。〔註19〕

基本上，牟先生仍是順著理解陽明學之思路，把近溪之天心知體理解爲陽明
超越義之道德主體，此道德主體固是即存有即活動者（寂然不動，感而遂通
天下之故），且與萬物間具有一「內在之同一性」；因此，只要知體明覺感應
顯發，萬物皆可獲得一意義上之轉化而爲「物之在其自己」之自在相，且隨
主體之靈明感應一起呈現與主體渾然爲一體。理論上說，在某種意義上，此
頓顯之境界亦可成爲吾人工夫對治之超越根據：由一同體感而引發道德行
爲；然而，在實踐上，雖其當下靈明之顯發即有一萬物一體之境界顯現，但
此並不保證此境界之時時呈現；因此，嚴格地說，從主體性以言所謂的心外
無物，須經歷精神或心靈上無盡之辯證或對治歷程後，工夫臻至圓頓化境始
可言之，故牟先生謂此乃「存有論地終窮之辭」，此顯係一弔詭之圓頓境界。
然若衡之以近溪學之格局，此義當更有辨。如上所述，近溪所謂的本體只是
一渾然與物同體之生生之理，且其既已將此宇宙本體，收攝爲一超自覺之天
心知體，顯非陽明所言仍在漸修中與物有對而自覺義之道德主體；而此虛靈
本體並不須如道德主體般之須落於辯證歷程中始可言圓融，原則上只要「當
下徹悟」之，當體自可是渾然與萬物爲一體。因而，對近溪來說，此心外無
物之表示，固是「存有論地」語言，然非必是工夫實踐上之「終窮之辭」，反
而可就存有論上心體本身以言之。

　　事實上，近溪有關心體之存有論表述，正是以心外無物爲出發點。對從
「己身」（主體性）以言心外無物，近溪曾有隱微之批評：

　　問：某觀今古儒先知言心者眾矣，然未有親切如先生者。余詰曰：
　　子何以知其言之爲親切耶？曰：每嘗言心，多只從己身分上說起，
　　便體段狹隘，不見萬物一體之妙。此今聽教，則覺無天無地無人無
　　物，渾然共個虛靈；至其個人身中，所謂心者，不過是虛靈發竅而
　　已，惡得以物我而異之也哉？余默然良久曰：如此言心，恐猶然未
　　見親切也已。蓋心之精神之謂聖。聖者，神明而不測者也。故善觀
　　天地之所以生化人物，人物之所以通徹天地，總然是此神靈以充周

〔註19〕見《現象與物自身》，頁98。

妙用，毫髮也無間，瞬息也不遺，強名之曰心，而人物天地渾淪一體者也。子果於此體見得親切，則言下自潔淨精微。若要語意精微，須如精神謂聖，又須如神明不測，方是專主靈知而直達心體也。至若靈而謂之虛者，不過是形容其體之浩渺無垠；又靈而謂之竅者，不過是形容其用之感通不窒。實在心之為心也，原天壤充塞，似虛而實則非虛；神明宥密，似竅而實則無竅。今合虛靈與竅而並言之，則語非潔淨，理欠精微，所以知子之見猶未為親切也已。（《盱壇直詮》上卷，頁72～73）

所謂的「每嘗言心，多只從己身分上說起」，當指先從主體靈明義以言心，此則如明道所謂的「以己合彼，猶是二物有對」，雖於法上無誤，但終究於體段上未見良知境界之恢弘氣象，故謂此乃「便體段狹隘，不見萬物一體之妙」，此為近溪師徒所共認。〔註20〕

再者，縱使不從主體性而依渾然與物同體之境以言心，然謂「至其個人身中，所謂心者，不過是虛靈發竅而已」，既有「發竅」可言，則仍有主客、能所之區分，心物依然有對立相，故謂此「合虛靈與發竅而並言之」，所言仍不見「親切」，「語非潔淨，理欠精微」〔註21〕

〔註20〕依陽明，吾人固可於存有論上原則性地肯定人與天地萬物皆共此虛靈而源於同一本體，而謂「充天塞地中間，只有這一箇靈明」；但究極而言，所謂的「心外無物」，仍是從主體意義上良知「感應之幾」而言之，故其謂「我的靈明，便是天地鬼神的主宰……天地鬼神萬物離卻我的靈明，便沒有天地鬼神萬物了；我的靈明離卻天地鬼神萬物，亦沒有我的靈明」，此即人與天地萬物具在此靈明之感應中而同為一體，亦即陽明所謂「明覺之感應為物」中之萬物一體觀，所謂的「如此便是一氣流通的」，亦是此義。誠如牟先生所言，此係由良知主體之明覺感應以言存有論上良知之涵蓋原則與存在（實現）原則（見《王陽明良知教》一書，頁103）。現實上，主體（個人）之明覺若「寂」，連帶地，其天地萬物亦同歸於寂（虛），故謂「今看死的人，他這些精靈遊散了，他的天地萬物尚在何處？」

〔註21〕這裡似乎是針對陽明之良知發竅翕闢而說。依近溪，如此言心或良知，終究是天人有隔且與物有對，亦即仍是超越的分解意義下之良知，頂多只透顯良知之涵蓋原則與存在（實現）原理，故謂其所言「語非潔淨，理欠精微」。進言之，此又涉及良知之「闢翕」問題。依陽明，本體上良知固是即寂即感而無分動靜的，但在作用上卻有「闢翕」之別。若眾竅俱翕（虛寂），則良知收斂一時而歸於潛隱默運狀態，萬物即不顯；反之，若眾竅俱闢，則良知妙運萬物而生生不息，萬物亦「一時明白起來」。故究極而言，「可見人心與天地一體，上下與天地同流」，人心（主體）與萬物間具有「內在同一性」，天地萬物隨良知之發竅、歙闢與否而有顯隱之不同。

依近溪，只要吾人「善觀」（徹悟）天地生化之道，自可證知盈天地間皆是此心（神靈）之生化不已，「充周妙用」而渾然與物同體。所謂的：「實在心之爲心，原天壤充塞，似虛而實則非虛；神明宥密，似竅而實則無竅」，即表示在存有論上，此天心本即是渾淪與物爲一體而無主客、能所之區分，是即體顯用，即用見體，而體用一原的；亦無主體義上之「虛靈與發竅」可言，若欲強言之，亦只不過是姑且形容此天心之浩渺無垠與其用之感通不窒。如此，就存有論上說，盈天地，遍宇宙，皆只是此心本體之顯現，這是近溪言心外無物之本義。而此心之能在在存有論上與天地萬物渾淪爲一體，實乃建基於其理氣之圓融不分上。

第三節　近溪之理氣論

一、乾坤與陰陽

依近溪，在存有論上雖肯認天地萬物皆在此心之生化不已中，而無物我之別。然分析地說，物之爲物，相較於此虛靈不已之心，終究有「生」與「不生」之之別：

> 蓋此個天心，元賴耳目四肢顯露，雖其機不會滅息，而血肉都是重滯。若根氣淺薄，志力怠緩者，則呼處或亦有覺，而受用卻是天淵。
>
> （《盱壇直詮》上卷，頁 52～53）

這裡所謂的「血肉都是重滯」，乃指此血肉之軀在此天心之生化中，雖亦有某種知覺運動等感通作用；但相較於此心無限之感通妙用，則知覺運動等軀體活動終究是有限的。基本上，物之爲物，其活動或作用皆是有形、有限的，物之作用既有形有限，則原則上其感通亦只能顯現一一其差別相而不能與他物渾融爲一體，此正是其與精神感通活動最大之差別。依近溪，分析地說，此心與形物間是有圓通與滯礙之別：「夫形體雖顯而其質滯礙，大心雖隱而其用圓通」（《盱壇直詮》上卷，頁 118～119）。但這種分別只是一種比較程度上之區別，基本上，透過存有論上「理氣圓融不分」之觀念，吾人依然可以在工夫上當下證成此心物渾融一體之境界：

> 子曰：曾子曰：士不可以不弘毅，任重而道遠。孟軻氏得之曰：其爲氣也，至大至剛，以直養而無害，則塞乎天地之間。夫天地是乾

坤之德久且大，而所由以著見者也。吾夫子贊易曰：乾知大始，坤
作成物。夫易廣矣大矣！資始萬物而靡一之或遺焉；博矣厚矣！資
生萬物而靡一之弗成焉。《盱壇直詮》上卷，頁34）

這裡，乾坤之德即仁之生理，亦即此心之生德。所謂「天地是乾坤之德久且
大，而所由以『著見』者也」，則指出吾人係由天地萬象（現象界）而肯認此
乾坤生德（本體）之存在。蓋乾坤之德本只是一生生不已而又充周遍現之虛
靈本體（理），其用則「生化」具體有形之天地萬物，故謂其「廣矣大矣！資
始萬物而靡一之或遺焉；博矣厚矣！資生萬物而靡一之弗成焉」。進言之，就
乾與天地（氣）之關係，近溪說：

蓋易之卦，雖六十有四，而統之則在乾坤；雖云並列，而先之又在
乾卦。故學者欲了達全易，須是開通覺性；欲開通覺性，須是先明
乾道。夫天者，乾之形體；而乾者，天之性情。故乾即是天而純粹
以精，無時而不運也。天即是乾而大生並生，無處而不包也。無處
不包，則天體無外，天不外乎我，而我獨外乎天哉？無時不運，則
乾行不已，乾不能已乎我，而我獨能已乎乾乎？是則大明乎乾之始，
而全經之始無弗明矣！大明乎乾之終，而全經之終無弗明矣。蓋陰
陽之內外遠近，大小高下，不過六位時成，而天之體盡之矣；陰陽
之消長進退，順逆吉凶，不過六虛周遊，而乾之健盡之矣。（《盱壇
直詮》下卷，頁274～275）

古人云乾坤二卦，本是陰陽。作易者不曰陰陽，而曰乾坤，蓋指其
性情而言之也。以此觀之，則先儒謂性性，為能存神明白，就其體
段凝定處說。（《盱壇直詮》下卷，頁170～171）

落實地說，所謂「天者，乾之形體；而乾者，天之性情」，即以天為乾之具體
形現，而天之「體段凝定」（性情）即謂之乾。故吾人就天之純粹以精而無所
不運處，即謂之乾；就乾之大生並生而無不包處，即謂之天。

再者，依近溪之特殊詮釋：「乾坤原是合體，知能亦是互用。但乾則是陽
明，而坤則不免陰晦」（《明道錄》卷二，頁18）。析而言之，乾為天心、道心；
坤因不免陰晦而屬人心。統而言之：「人字、道字雖稍分別，則只是一個心字
也」（《明道錄》卷二，頁19），人心、道心只是一心，其別只在「知」（覺悟）
與否。而依其「陰陽互為其根而兩不相離」之說：「蓋乾以始坤，坤以終乾，
乾之始處，未嘗無坤；坤之終時，未必非乾。二者元合體而成者也」（《明道

錄》卷卷四，頁 1），天地萬物之生化，固由此「純陽而明」之「乾知」（神靈）
爲之變化推而言之；坤（陰）雖不免陰晦而屬人心。然陽並不離陰而言之，
所謂「陽之所成處，即謂之陰」，若能知得天心、人心本是一心，則陰陽自皆
能明而通之。陰陽並舉，天人自同爲一體。〔註22〕如此，乾坤、天地（陰陽、
氣），本即是一體而無外者者。故吾人由陰陽二卦之由初爻至上九六位之依時
而成，即知現象界總體（天之體）之變化；而由陰陽二卦所形構成之天地總
體之消長進退，及其所象徵之順逆吉凶，亦不外此乾之通貫於六虛而不遺。
若類比地說，海水以喻本體，波浪以喻現象，波不離於水，現象不離於本體，
現象乃本體之用。依近溪，本體與現象總體之所以有這種關聯，顯然建基於
存有論上理氣圓融不分之基礎上。

二、存有論上之理氣圓融觀

　　子曰：孔門宗旨，只要求仁。就其所自，原得之《易》，又只統以生
　　生一言。夫不止曰生，而必曰生生云者，生惡可已也。生惡可已，
　　則《易》不徒乾，乾而兼之以坤；坤不徒坤，坤而統之以乾。蟠天
　　薄地而雷動滿盈，形森色盎而霞蒸赫絢，橫互直達，邐入旁周，固
　　皆一氣之運化而充塞乎兩間。然細觀此氣之流行，布濩節序，無不
　　停妙；絪縕媾結，條理無不分明。則氣也，而實莫非精之所凝矣。
　　精固妙凝一氣而貫徹群靈，然究竟精氣之浩渺而無崖，妙應而無跡，
　　莫之爲而爲焉，莫之至而至焉，則氣也，精也，又莫非神之所出矣。
　　興言至此，則下及九地，上至九天，中及萬民，旁及萬物，渾是一
　　個生惡可已，渾是一個神不可窮。（《盱壇直詮》上卷，頁 11）
　　……要之，實一元之氣，渾淪磅礴，浩渺無垠焉爾。是氣也，名之
　　爲天則天矣。天固乾之所以始乎坤者也。名之爲地則地矣，地固坤
　　之所以成乎乾者也。名之爲我則我矣。我固天地之所以成始而成終
　　者也。夫合天地萬物而知其爲一氣也，又合天地萬物而知其爲一我
　　也。如是而謂浩然而充塞乎其間也，固宜如是而謂大之至，而弘足
　　以任重，剛之至，而毅足以道遠也。亦宜是故君子由一氣以生天生
　　地，生人生物，直達順施而莫或益之也，本諸自然而已也。乘天地

萬物以敷宣一氣，充長成全而莫或損之也，一本諸其自然而已也。。
（《盱壇直詮》上卷，頁34）

統而言之，如前引文所謂的：「是故塞乎兩間，微乎萬世，夫熟非一氣之妙運乎？」、「兩間之塞，萬世之微，夫孰非妙運以一氣乎？」。天地萬物本即在一「氣化絪縕」之狀態中。乾知本是剛健中正而純粹至精，是「既超越又內在」於天地萬物而亙古長存的生生之理：「不遺於兩間，而超乎兩間之外，不已於萬世，而出乎萬古之先」。然則，吾人是透過此氣之布濩流行，而「觀、見」此剛健中正、純粹至精，而亙古長存的乾知之流行不已。而氣之所以能「布濩節序，無不停妙；絪縕媾結，條理無不分明」，則是由於「精」之「妙凝一氣」有以致之，故謂「則氣也，而實莫非精之所凝矣」。如此，精乃氣之上層概念。又精、氣之所以能「浩渺而無崖，妙應而無跡，莫之爲而爲焉，莫之至而至焉」，則又因此虛靈而生生不已之「神」（乾知）有以致之，則神又是精氣之上層概念。如此，在存有論上，氣、精、神亦形成一有機關聯之存在層級，雖然「生化」之程度因層級之不同而有所差別，但總是此「神靈」爲之「變化」不已，故謂「下及九地，上至九天，中及萬民，旁及萬物，渾是一個生惡可已，渾是一個神不可窮」。

進言之，我與天地萬物既皆在此一氣之運化中，而形成一有機之整體關聯，故謂：「合天地萬物而知其爲一氣也，又合天地萬物而知其爲一我也」。析而言之，天地萬物是乾坤本體之具體著見處，本體則是天地萬物資生資始處；合而言之，盈天地間既亦只是此一氣之渾淪磅礡，浩渺無垠，則所謂天地（陰陽、氣）與乾坤（本體）實只是「一體之兩面」而已，故謂：「是氣也，名之爲天則天矣，天固乾之所以始乎坤者也。名之爲地則地矣，地固坤之所以成乎乾者也」。

這裡，氣的概念，顯然不是抽出事物「形式」後，只爲物質性、形體性而有事相分別而屬下層之概念，而是超越於事項分別之上層概念，其本質意義與作爲本體之神理並無異質之區別。〔註23〕如此，天地萬物皆在一氣之流行中而無分無別，故有所謂「君子由一氣以生天生地，生人生物」，「乘天地萬物以敷宣一氣」之說。此乃當下即可「自然而然」地貫通之，非待工夫化

〔註23〕這裡，對氣這一概念之詮釋，參見唐君毅先生《生命存在與心靈境界》一書（下冊），頁411，學生書局：民國75年5月全集校訂板。又依唐先生之詮釋，先哲對氣之此一看法，代表其對此世界之一正面積極之肯定。本文認爲，此和近溪依聖人立教而有之本體論表述立場，是相互印證的。

境境界始可言之也。

那吾人又如何「由一氣以生天生地」，「細觀」此一氣之流行而見此理之流行不已呢？首先，吾身亦只是「一氣之往來」而已：

> 吾身只是個神氣，氣則有呼有吸。呼則溫，即復也。吸則冷，即姤也。
> 其實，呼即吸以爲呼，吸即呼以爲吸。原只是一氣而往來有殊差爾。
> 至於心之動靜，則原說合一不測之謂神，又說動而無動，靜而無靜，
> 尤彰彰明甚也。但此體在人，極是精微，故動靜之間，有幾存焉。……
> 未有不知其微妙之幾，而能得夫姤復互爲其根；亦未有不得其互根之
> 體，而能通夫陰陽不測之神者也。（《明道錄》卷四，頁1～2）

易卦：天風（乾巽）姤，地雷（坤震）復。乍看之下，姤卦屬靜，復卦屬動，似亦有其可比擬之處。然依近溪，一方面，「乾爲巽所自出，坤爲震所由生」，乾、巽本自相屬而不可分，坤、震亦然；再者，依前述「陰陽互爲其根」之說，則動靜本不可分離：靜中本涵動，動中亦涵靜，動靜只是一體之兩面。如此，就吾身而言，呼爲動、爲復，吸爲靜、爲姤，而動靜互爲其根，故能「呼即吸以爲呼，吸即呼以爲吸」，呼與吸只是一氣之往來。依近溪，吾人由呼吸之能依此一氣之往來而不已，正足見吾心作用之不離此呼吸之間，且足證此心之「動而無動，靜而無靜」，其動靜乃合一不測者。一方面，此心依陰陽互爲其根之道，而有此動而無動，靜而無靜，合一不測之神用；另一方面，吾人亦由此心動靜之「幾」，而證知於此呼吸一氣往來之中，即有此陰陽互爲其根之「體」（心）之作用存焉。〔註24〕如此，若吾人於此身呼吸、知覺云爲之往來，能達至「往來不閒」而不滯礙之境，亦足證此心（體）之「渾然一致，體用如如，隱然寸幾，而靈明炯炯」（《明道錄》卷四，頁2）之神化作用了。就客觀之天地萬物而言，吾人亦可由此通天地之一氣而證此理之「費而隱」：

> 問君子之道費而隱……蓋吾夫子學易到廣生大生去處，滿眼乾坤，
> 如百萬富翁，日用浩費無涯，乃說出這個字面。善體聖心者，便從
> 費字以求隱字，則富翁之百萬寶藏一時具見矣。故費是說乾坤生化
> 之廣大，隱是說生不徒生而存諸中者，生生而莫量。化不徒化而蘊

〔註24〕對此由「呼吸中一氣之往來」以見「體」之義，唐君毅先生有一段話可助一解：「然由忽而吸，則吸由世間之外，還入世間之內，如天外飛來，而原來世間之所有呼，又自超越，而入於杳杳，歸於無形，以入於上帝之密懷、賴耶識如來藏之密藏矣。此又非世間中自有之超世間而何？口鼻之呼吸如是，脈搏之生降亦然，一切生物之作息亦然」，見同上註，頁162。

> 諸內者，化化而無方。故費字之奇不如隱字之尤奇，費字之重又不
> 如隱字之尤重。費則只見其生化之無疆處，而隱則方表其不止無疆
> 而且無盡處。(《盱壇直詮》下卷，頁 148)

「君子之道費而隱」，依朱子《四書集註》解為：「費，用之廣。隱，體之微」。
這裡，又如何「從費字以求隱字」呢？依近溪：「費是說乾坤生化之廣大」，
吾人於一切事相之之流行處，即見此理生化在空間上之無窮處，遍天地萬物
皆是此理之遍現，此是此理之隨一切事相之流行而「顯發」。事實上，就一一
個別事物而言，事物本身顯然是有生滅、隱顯、成壞等之變化者，然則，此
只是就吾人經驗上之知見而言。此理本只是一虛靈不已之生生本體，當事物
毀壞隱而不存在時，亦只是此理之自歸於「隱」或「虛」：「是至虛而未見乎
氣，至神而獨妙其其靈」，此虛靈之理仍是亙古長存。所謂「殊不知既名為隱，
則必有所藏；既名為微，則必有所具」(《明道錄》卷五，頁 3)，隱非不生而
實有所藏，微非不顯而實有所具，故謂：「隱是說生不徒生而存諸中者，生生
而莫量。化不徒化而蘊諸內者，化化而無方」，「存諸中」、「蘊諸內」，正表示
此理雖隱而實徹天徹地，貫古貫今者。故吾人由一切事相流行(氣之流行)
而見事物之有生滅成壞之變化，更可見此理之能「顯隱自如」而無窮無盡，
而言「從費字以求隱字」，更言「夫不只曰生，而必曰生生」者。於此，唐君
毅先生有一段話有助於吾人理解此義：

> 中國思想之能言天知天明之清虛神化，一本於一直觀。此直觀，非
> 只是直觀在吾人之感覺感通於境相時，有天知天明與境俱來俱降，
> 而是同時直觀此境相之恆生恆化，以過而不留，運而無積。由此以
> 觀此天之神明之運，即亦為不留於其所呈之境相或形相者。而此神
> 明即為無形相、超形相之一片清虛，亦為不斷呈現無窮之形相，而
> 神化無方者。〔註25〕

依近溪，在此理氣圓融之存有論基礎上，吾人若能就此氣化事變流行之世界
中，當下如實而觀此理「隱顯互為其根」之道而不妄生執著：「的確見得時中
分明，發得時中透徹」，自能「時時中出，即是浩費無疆，寶藏無盡。平鋪於
日用之間而無人無我，常在乎目睫之下而無古無今」(《盱壇直詮》下卷，頁
148)。進一步說，相應於客觀的理氣之存在層級關係，主觀上吾心之感通亦
因工夫之不同而顯出不同之境界層級。

〔註25〕同上註，頁 235。

三、境界上之理氣圓融——心之精神之謂聖

> 微乎淵哉，斯道之蘊，而此心之微妙乎！流通於萬寂而形質莫之或
> 拘，樞幹乎三才而端緒莫之或泥。內外兩忘而無人之弗我，形神渾
> 化而無我之非天。則非惟身壽之不足爲輕重，即名壽且無能爲久近
> 矣。（《盱壇直詮》，上卷，頁121）

依近溪，今盈天地遍宇宙亦只是此隱顯自如之天心或天理之隨氣而充周妙
用，顯然此心此理之首出義便不必然是道德意義上之明覺感應之理，故能「流
通於萬寂而形質莫之或拘，樞幹乎三才而端緒莫之或泥」，當下與物渾淪爲一
而貫穿形質與天人。近溪更以境界之層級來表示此心通貫形質、天人之程度：

> 子曰：吾人此心，統天及地，貫古迄今，渾融於此身之中，而涵育
> 於此身之外。其精瑩靈明而映照莫掩者謂之精，其妙應圓通而變化
> 莫測者謂之神。神以達精，而身乃知覺，是知覺雖精所爲，而實未
> 足以盡乎精也。精以顯神，而身乃運動，是運動雖神所出，而實未
> 足以盡乎神也。古之欲明明德於天下者，其心既統貫天下古今以爲
> 心，則其精神亦統貫天地古今以爲精神。故其耳目手足四肢百體知
> 覺固與人同，而聰明之精通而無外者自與人異；運動雖與人同，而
> 舉措之神應無方者自與人異。夫是以爲人之聖，善之至，學之集大
> 成，而萬世無復加焉者也。（《盱壇直詮》，上卷，頁9～10）

依近溪，在存有論上，此心既與物俱現又渾然與萬物爲一體的，故謂其「渾
融於此身之中」；然心、物間又有一層級之別，故謂其能「涵育於此身之外」。
就工夫上之體證而言，此渾淪一體之心則因其感通程度之不同而有不同之境
界層級：知覺、運動、精神。

　　吾人之所以能有知覺之作用，亦因此心爲其存有論根據：「今執詢之汝何
以能視也，必應以目矣，而吾輩則必謂非目也，心也……」，[註26] 蓋依近溪，
此心之首出義既非從與物有對之道德主體義以言之，則其感應義非只限於道
德義之明覺感應；反之，此心既「統天及地，貫古迄今，而渾融於此身之中」，
則當下任何「知覺」、「運動」，實亦爲此心作用之顯現；然而感官（肉體）畢
竟有所執滯而有礙此心圓通之用，故只爲此心最低層之感應作用。蓋知覺之
所及，只是識一一個物之存在，在此知覺所成之境中，個物乃顯其一一差別

〔註26〕語見《明道錄》卷四，頁18。同理，聽、言、動亦復如是。

相而不相攝，此境顯然非此心感通作用之全體顯現，故謂其「神以達精，而身乃知覺，是知覺雖精所爲，而實未足以盡乎精也」。進一層說，相較於知覺，運動顯然是統攝吾身各種生理活動，及其與外境之交互作用而形成者。然則，運動本身畢竟仍是一有形有相而有限之活動，雖其感通統攝之層級較單純之知覺爲高，畢竟仍不能顯示此心之渾淪大用。

所謂的「此心在人，原是天地神理。寂之與感，渾涵具在。言且難以著句，況能指陳而分析之也」（《盱壇直詮》，上卷，頁 100），在存有論上，此心（生機）作爲天地神理，本是微妙難測、甚至難以以語言指陳的；難在作用上，此心卻又「寂之與感，渾涵具在」。因此，所謂：「蓋人受天地之衷以生，其生也，知覺云爲，夫孰非心，亦孰非道」（《明道錄》卷二，頁 19），說吾人之知覺、運動等是心之活動也可；然則，說知覺、運動等活動不是心也可，蓋此心之作用固不離於吾身之知覺、運動，然知覺運動本身畢竟不顯現此心之本質意義。若欲勉強言之，則只能就此心之「精、神」活動以言之。

至就精神之活動而言，所謂「其精瑩靈明而映照莫掩者謂之精」，精瑩靈明當指此心顯現爲主體自覺之虛靈明澈之相，映照莫掩則指其潤物無遺之用，較之知覺與運動，精之感通作用顯然境界較高；至於神，顯然是就超自覺義之天心知體而言，此心「隨境而現，隨境而泯」，孟子所謂「大而化之之謂聖，聖而不可知之之謂神」，溥博淵泉而時出之，神用而不顯其用相，故謂「其妙應圓通而變化莫測者謂之神」。所謂「神以達精，精以顯神」，正足以表示超自覺義之神與自覺義之精間之縱攝關係：由超自覺的天心知體爲存有論根據而有自覺良知之潤物無遺，由自覺良知之潤物無遺而至超自覺天心神化無窮。如此，精神感通之境界自能涵括知覺運動而又超越之，所謂「古之欲明明德於天下者，其耳目手足四肢百體知覺固與人同，而聰明之精通而無外者自與人異；運動雖與人同，而舉措之神應無方者自與人異」，正表示吾人成聖歷程中，精神感通境界層層昇進而通貫天人與形質之辯證歷程，此正是近溪所謂的「心之精神之謂聖」：

> 孔子曰：心之精神之謂聖。解者曰：聖也者，通明者也。又曰：聖也者，神明而不測者也。天下豈有神而不明者哉？抑豈有神而不通者哉？明則無不知，通則無不能矣！明通皆自神出，則空洞絕無涯畔，微妙迥徹纖毫。藏用於溥博淵泉，而實昭然聖體。天也而未嘗與人異也，顯仁於語默云爲而實總是天機，人也而未嘗與天殊也。（《盱壇直詮》上卷，頁 11～12）

事實上，正如陽明以「心之良知之謂聖」來凸顯此心之超越性、主宰性與涵蓋性，近溪則以「心之精神之謂聖」來顯示此心之渾融性、圓通性與境界性。「明通皆自神出」，正是以「神」作爲此心渾淪大用，明而通之之存有論根據；「明則無不知，通則無不能」，正足以顯示在作用上，此心知之能不離感官卻又超越形軀血肉等之限制，而顯發其本質作用。此即所謂的：「如此求知，則其知方可通乎晝夜而無不知之時，方可等乎賢愚而無不知之人，眞是橫四海、貫古今，而合天人物我於一點虛靈不昧中矣」（《明道錄》卷二，頁3）。於此一點虛靈中，此心乃常知常覺而無分動靜與寂照的：「知者知之，不知者亦知之」。〔註27〕進言之，「明可測則不神，明不神則難通，謂之通者，天地人原是一個」（《明道錄》卷六，頁19），在價值創造上，此心之明覺必至神明不測之境界，與萬物爲一體而後已；而謂之「通」者，亦表示在存有論上，天地萬物與人原是渾爲一體，始有價值意義上之與萬物渾爲一體。〔註28〕

　　要之，在這種「心之精神之謂聖」之境界下，當然是人而天，天而人的：「顯仁於語默云爲而實總是天機」。此固是聖人之境界，但近溪正是要在理論上證成，不待至聖人化境，而只要「知」得「吾人日用之性，俱是天命之顯現」，即可以此境界作爲吾人道德實踐之立足點，並直道而行。

第四節　天命之謂性與百姓日用是道

一、天命之性與氣質之性

　　依陽明：

　　　　性一而已：自其形體也，謂之天；主宰也，謂之帝；流行也，謂之

〔註27〕近溪曰：「孔子曰：知之爲知之，即日光而見其爲光也；不知爲不知，即日黑而見其黑也。光與黑任其去來，而心目之明何嘗增減分毫耶？」（《明道錄》卷七，頁13》），此說雖不見得合乎論語原意，卻顯示近溪之強調此心之明覺全體大用之超越經驗意義上明暗、久暫等之限制，而表現爲互古互今、超越時空眞體常照。

〔註28〕此亦即其所謂：「學者於此心之幾，果能默會潛求，研精入妙，天人合而造化爲徒，物我通而形神互用，則淵泉溥薄時出無窮，不惟仁昭義立之可期，禮陳智燭之獨至，大用顯行，生惡可已。即其探究事理之功，操存意念之力，從前窒塞於見解者，自將觸類而融通，方物於矜持者，亦必順時而調達，豈非聖學之要圖，而志學之首務也。」（《明道錄》卷五，頁3）。

命；賦于人也，謂之性；主於身也，謂之心。心之發也，遇父便謂之孝，遇君便謂之忠。自此以往，名至於無窮，只一性而已。（《傳習錄》卷一）

依牟先生之詮釋，陽明所言之性，乃本《孟子》、《易傳》、《中庸》等儒家傳統典籍所言之超越的道德之性，而此性必然是超越於相對義之善惡之分，而爲純粹至善者：「此心之本體，性之自體，無善相無惡相，而渾然至善，故可以說『無善無惡心之體』」。〔註29〕而陽明所謂的「仁義禮智之名因已發而有」、「仁義禮智也是表德」（同上），正指此絕對至善之性，其作用必然是仁義禮智等道德法則之呈現。要之，依牟先生，所謂的天、帝、性、命、心等，名雖不同，卻都同指謂此一超越的道德本體。

進言之，依牟先生之詮釋，孟子及陸王一系所言之性是：

「性」固可指本有之性能，但性善之性卻不是「生之謂性」之性，故其爲本有或固有亦不是以「生而有」來規定，乃是就人之所亦爲人之實而純義理或超越地來規定。性善之性既如此，故落實了就是仁義禮智之心。這是超越的、普遍的道德意義之心。以此意義之心說性，故性是純義理之性，決不是「生之謂性」之自然之質之有諸般顏色是也。〔註30〕

這是孟子及陸王一系「即心言性」理論上之必然發展，蓋性既純依道德意義之心而規定，則存有義之性體必然也是純道德意義的。「生之謂性」與「性善之性」乃兩層不同之存有，前者乃氣質之性，後者則是純義理之性。然則，如前文所述，近溪既不從純道德意義以規定心，而從存有論上渾論與物一，而又可依其層層感通而轉化爲種種境界層級之整全體以言心，則其所謂的「性」，是否也要如孟子及陸王之純以義理來規定呢？而所謂的「生之謂性」與「義理之性」是否也要區分成兩種不同之層級呢？首先，我們可以先看看他如何詮釋孟子之心性論：

問心性如何分別？曰：孟子云：「仁義禮智根於心」，則心之爲心，視仁義禮智而身且宏也具見也。學之求心，視仁義禮智而猶先且急也亦具見矣。是故超然而神於萬感之先，湛然而靈於百慮之表。淵淵乎其淵，浩浩乎其天，蓋言心之深且宏者，從古則爲然矣。（《明

〔註29〕見牟宗三先生《心體與性體》冊一，頁200。
〔註30〕見牟宗三先生《圓善論》，頁23。

道錄》卷五，頁2）

近溪既由存有論上渾淪與物爲一體之義以言心，依其悟存有以言道德之進路，則性乃道德實踐地言之，故以「心之爲心，視仁義禮智而深且宏也具見也」來分辨心性之別。此雖不必然符合孟子之原意，亦足見其根本之思路。進言之，所謂的「夫性善之宗，道之孟子，而非始於孟子也。繼之者善，成之者性也，孔子固先言之也」（《明道錄》卷四，頁16）。顯然，他是由《易傳》天道本體論之立場以言性。

依牟先生對《易傳》「一陰一陽之謂道，繼之者善也，成之者性也」之詮釋，此性若依本體論地言之，本即固有而無待成之；然若自人之實踐言，則此性乃工夫上之「彰著義」之成而非存有之成。然此「成性」須扣緊氣質之變化而言之。而繼續不斷地化氣質之偏以使其轉化爲不偏之善，即是「繼善」。〔註31〕然依近溪之思路，成性固須扣緊氣質而言之，但在存有論上氣質之性本身是否必然有所「偏」而待工夫之「對治」呢？，亦即，吾人是否能於氣質之性「直見」其中自有義理之性存焉，而直接順成之以爲道德實踐之憑藉呢？

事實上，近溪對性之詮釋，正是以「生之謂性」爲起點，這可由其對孟、告之辯之理解看出：

> 是則無善而無不善，無不善而實無善，所謂赤子之心，渾乎其天者也。孟子之道性善，則自其性無不善者言之，故知能愛敬，藹然四端，而曰：「乃若其情，則可爲善」。蓋性雖無善，而實無不善也。告子則自性之無善者言之，故杞柳湍水，柔順活潑，而曰：生之謂性，了無分別。若謂性雖無不善而實無善也。要之，聖賢垂世立教，貴在平等中庸，使上智者可以悟而入，中才者可以率而由，若如告子云性，則太落玄虛，何以率物。……此孟子所以深辯而力挽之，夫故未盡非之也。（《明道錄》卷四，頁17）

這裡所謂的「無善而無不善，無不善而實無善」之性，實爲一種尚未落入相對善惡分別的「初性義」之性，即是「赤子之初心」。和一般意義下所謂「無善無惡」而「中性義」之性仍有所不同。蓋此初性義之赤子之性，乃尚未落入相對之善惡分別中，既未落入，亦「猶言」超越相對而絕對之至善，故謂其「無善而無不善，無不善而實無善」。〔註32〕依近溪，孟子對此一義之性並

〔註31〕見牟宗三先生《心體與性體》（冊一），頁513。
〔註32〕這裡，「初性義」一詞，依據蔡師仁厚之指點。再者，若就此無善無惡之初性

「未盡非之」，其差別只在於孟子能知此義之性即是天命，故能據此性之「無不善者」處而以之爲道德實踐之根據；而告子則只就此性「柔順活潑、了無分別」之「無善者」處，即只如其爲初性義之性而視之，未知此性之「無不善義」，即是天命。近溪所謂「（告子）於此之際，若能響應承當，則性機神理頓爾圓通，天地萬物渾然同體」（《明道錄》卷三，頁 19～20），然告子終究只如其爲初性義而視之，未能直下據此源於天命之生性以爲倫理實踐之根據，故終究是「太落玄虛，何以率物」。

依近溪，此天命之性既非從超越分解意義上所先驗規範之道德理性，而只是一「無善而無不善，無不善而實無善」之赤子初心，且當下可率之以爲道，則在道德實踐上，其與所謂的「氣質之性」間並不形成一對治關係；反之，透過一轉化之工夫，氣質之性反將成爲吾人道德道德實踐之必要憑藉。這裡，近溪訴諸對《中庸》「天命之謂性」之特殊詮釋：

> 惟孔子天縱聰明，其見獨超拔一世，故將自己身心，總放入此個天命性中。保合初生一點太和更不喪失，憑其自然之知以爲知，憑其自然之能以爲能。怡猶於父子兄弟之間，渾淪於日用常行之內。凡所思惟，凡所作用，凡所視聽言動，無晝無夜，無老無少，看著雖是高人身，其實都是天體；看著雖似尋常，其實都是神化。（《明道錄》卷七，頁 14）

如前文所強調的，近溪之「百姓日用是道」，是想對吾人之日用常行賦予一存有論根據；同樣地，對《中庸》「天命之謂性」的詮釋，也採取同樣的思路。所謂「其『見』獨超拔一世，故將自己身心，總放入此個天命性中」，乃指聖人於此道「見」得眞切，故其身心即爲天命之呈顯處；吾人則據聖人所展示之存有論爲道德實踐之根據。基本上，這仍是一種對現實世界積極肯定之態度，而視吾人當下之生活常常是一合理化之呈顯，亦即盡性立命之表現。所謂「保合初生一點太和更不喪失，憑其自然之知以爲知，憑其自然之能以爲能」，便是以此生活「合理化」之呈現並不離於當下情境以言之，而即於此當下情境中，見其爲天命之性之呈現。如此則：

義以言性，將面對人性是否無善惡區分之質疑。文獻記載：「（問者）曰：然則世之人敢謂其無善無惡耶？善惡之分敢謂其無所自生耶？（近溪）曰：善惡之分，亦有所自，而不可專執其爲性也」（《明道錄》卷四，頁 17）。顯然，近溪所言初性義之赤子之性，即天命之性，乃超越善惡分別之性。

夫四時百物皆天矣！奚復於吾人而外之；出往游衍皆天矣，又奚復
於此心而外之。故中庸天命謂性，分明是以天之命爲人之性。謂人
之性即天之命，而合一莫測者也。(《明道錄》卷七，頁 14)

對此等諸義，唐君毅先生有一段話實有可助於吾人理解其深意：

吾人之生活之理性化，除此當下之情境之外，更不能有始點。……
所謂不能外有始點者，即吾人之生命存在與心靈，必須先面對此當
下之境，而開朗，以依性生情，而見此境如對我有所命。此中性情
所向在境，此境亦向在性情，以如有所命；而情境相召，性命相呼，
以合爲一相應之和，整全之一，此即一原始之太和、太一。境來爲
命，情往爲性。知命而性承之，爲坤道，立命而性以盡，爲乾道。
乾坤飽合而爲太極，則一一生活之事之生起，皆無極而太極，如一
一生命之成，一一世界之開闢，皆無極而太極之事。其大小不同，
義無分別……總之，此諸名皆指天道，亦指人道，必此吾人當下生
活之所在，當下之生命存在與心靈之人道所在，亦此乾坤太極、太
一、太合之天道之所在；然後吾人之性命之德之流行，方可同時爲
天德流行。〔註33〕

如此，吾人若能「保合初生一點太和更不喪失」，則舉凡思惟、作用、視聽言
動自亦能「看著雖是高人身，其實都是天體；看著雖似尋常，其實都是神化」
了。自可言「吾人此性，即是天命」(《明道錄》卷一，頁 14)。而所謂的「性
善」，亦「只天命一句，便徹底道破。蓋吾人終日視聽言動，食息起居，總是
此性，而不知此性總是天之命也。」(《明道錄》卷一，頁 13)。常人或蔽於習
氣、私欲，或執著於知識、成見，未能「知」吾人此日用常行實常不離於天
命；反之，吾人若能「保合初生一點太和更不喪失」，便能於此初性義之赤子
之心之呈顯於日用常行中，直下知得（肯認）其即爲「天命之性」，便是「性
善」了。在這意義下，所謂的氣質之性與天命之性，實相輔相成而無窒礙：

氣質之說，主於諸儒，而非始於諸儒也。形色，天性也。孟子固亦
先言之也。且氣質之在人身，呼吸活潑而周流往來者，氣則爲之。
耳目肢體而視聽起居者，質則爲之。子今欲屏而去之，非爲不可屏，
而實不能屏也。況天命之性，固專謂仁義禮智也已，然非氣質生化
呈露，則五性何從而感通，四端何自而出現也耶？故維天之命，充

〔註33〕見唐君毅先生《生命存在與心靈境界》(下)，頁 280，同註 23。

塞流行，妙凝氣質，誠不可掩，斯之謂天命之性，合虛與氣而言之者也。(《明道錄》卷四，頁 16)

依近溪之詮釋，孟子之謂「形色，天性」，乃因「吾此個形色，豈容輕視也哉？即所以爲天性也」(《明道錄》卷三，頁 16)。又所謂「目視耳聽，口言身動，此形色也。其孰使之然哉？天命流行而生生不息焉耳」(《明道錄》卷七，頁12)，形色亦是此心(生幾)之顯現。在存有論上，此心既不離於形色、氣質，則道德實踐地言之，此形色、氣質自然「非爲不可屏，而實不能屏也」〔註34〕

蓋依近溪：「心性是一個神理，雖不可打混，然實不容分開」(《明道錄》卷六，頁 11～12)，心乃存有論地言之，性則就道德實踐地說，然合而言之，心性皆只是一生生不已之靈覺：神理。誠如前述，陽明所謂「仁義禮智之名因已發而有」、「仁義禮智也是表德」，近溪並不否認此天命之性之道德涵義，故謂「況天命之性，固專謂仁義禮智也已」。〔註35〕然此天命之性既從道德實踐地言之，必連帶氣化歷程而肯認氣質之性之積極作用，故又謂「然非氣質生化呈露，則五性何從而感通，四端何自而出現也耶」，甚至謂此天命之性乃「合虛與氣而言之者也」。〔註36〕「虛」乃指此天心之虛靈明覺，天心隨「氣」而於穆不已充塞流行是爲「命」，「精」則妙凝一氣以成「氣質」，而如前述，虛(神)、精、氣既只是一存有層級之整體關連，則吾人若能契會聖人所謂「形色，天性也」之義，自能當下據此天性以爲道德實踐之根據，自能「誠不可掩」了。

進言之，所謂「識其心以宰身，則氣質不皆化而爲天命耶？昧其心以從身，則天命不皆化爲氣質耶？」(《明道錄》卷六，頁 11～12)。識心以宰身，

〔註34〕所謂「蓋形軀本是屬陰，若天根月窟既相往來，則坤爻十八，總爲乾爻之所統，一似悉談四季以做長春。所以修心煉性者，亦必名之曰純陽也」(《明道錄》卷三，頁 16)。蓋形軀雖屬陰，然乾坤、陰陽既皆只是一體之兩面，故形色、氣質自亦不可屏。

〔註35〕若依唐君毅先生之說法，此仁義禮智作爲一法則性概念，亦可只是此生生之理「合時」之表現，而不必然與氣質之性有異質之區分。見其《生命存在與心靈境界》(下)，同註23。

〔註36〕依牟先生之詮釋，張橫渠所謂的「合虛與氣有性之名」實爲一「滯詞」，其實義當爲「合虛與氣有道之名」。蓋在超越分解上，性乃涵蓋乾坤而絕對普遍的，故必純就太虛之體以言之；至於道則可就不離氣化歷程之道德實踐義以言之，故須合虛與氣以言之。見《心體與性體》(一)，頁487～492。但近溪似未分辨此義。蓋其所謂的天命之性之爲善既非從存有論上「先驗意義」上加以規定，而只是從「道德實踐地成」言之，能率此赤子之性以爲道即是天命之性，而赤子之性乃不離於形色之渾全之性，其所謂的「合虛與氣而言之」，仍是就此性而言之。

氣質固可「轉化」爲天命；但昧心以從身，天命卻也可「轉化」爲氣質，而身、心間既只是一整體之關連，顯然天命與氣質間並不存在一超越之對治關係，亦即，在存有論上，天命之性與氣質之性也形成一有機之整體關聯。如此：「人無貴賤賢愚，皆以形色天性而爲日用，但百姓則日用而不知，而吾輩則能知之也」（《明道錄》卷四，頁 18）。在道德工夫或境界上，吾人若能如聖人般地「知（悟）而率」此形色，氣質之性即便是天命之性；否則，即使是天命之性也將轉化爲氣質之性了。〔註37〕事實上，這仍是一種極高明而道中庸之工夫境界。但在此特殊詮釋立場下，《中庸》所謂的「率性之謂道」，亦成爲「百姓日用是道」之理論根據了。

二、百姓日用是道

對《中庸》「喜怒哀樂之未發謂之中，發而皆中節謂之和」之詮釋，陽明既以主體自覺以言良知，自然亦把中和提到良知自體上說：

> 性無不善，知無不良。良知即是未發之中，即是廓然大公，寂然不動之本體，人人所同具之本體。……未發之中即良知也，無前後內外而渾然一體者也。（《傳習錄》上）

陽明所謂「發而皆中節謂之和」，已發、未發本就喜怒哀樂言之，良知自體則是「即寂即感、即動即靜」，無分已發、未發，是即中即和，即和即中的。〔註38〕如此，中、和既皆從良知自體言之，而工夫無分內外，則吾人於一一事上，固亦可謂之中和，然「但常人之心既有所昏蔽，則其本體雖亦時時發見，終是暫明暫滅，非其全體大用矣。無所不中，然後謂之大本。無所不和，然後謂之達道。惟天下之至誠，然後能立天下之大本」（《傳習錄》上）。要之，陽明強調的是工夫上先化氣質或意念之偏蔽，而使良知自體能不間斷地於事上起用而達其全體大用，然後能臻於無所不中，無所不和之境地。近溪則說：

> 問：喜怒哀樂未發是何等時候，亦何等氣象耶？曰：此是先儒看道太深，把聖言憶想過奇，便說有何氣象可觀也。蓋此書原叫做中庸，

〔註37〕甚至，近溪說：「今堂中聚講人不下百十，堂外往來人亦不下百十。余今分作兩截，我輩在堂中，皆天命之性；而諸人在堂外，皆氣質之性。何則？人無貴賤賢愚，皆以形色天性而爲日用，但百姓則日用而不知，而吾輩則能知之也」（《明道錄》卷四，頁 17～18）

〔註38〕依陽明「未發在已發之中，而已發之中未嘗別有未發者在。已發在未發之中，而未發之中未嘗別有已發者在。是未嘗無動靜，而不可以動靜分也」

只平平常常解釋便自妥貼，且更明快。蓋維天之命於穆不已，命不已則性不已；性不已則率之爲道亦不已，而無須臾之或離也。此個性道體段，原是渾渾淪淪而中，亦常是順順暢暢而和。我今與汝終日語默動靜，出入起居，雖是人意周旋，卻是自然莫非天機活潑也。即於今日，直至老死，更無二樣，所謂人性皆善，而愚夫愚婦可與知與能者也。中間只恐喜怒哀樂或至弗性違和。若時時敬畏天命不過其節，即喜怒哀樂總是一團和氣，天地無不感通，民物無不歸順，相安相養而太和在宇宙間矣。此只是人情才到極平易處，而不覺功化卻到極神聖處也。（《明道錄》卷三，頁 21）

如前所述，近溪既從存有論上肯認「吾人此性，即是天命」，則所謂「維天之命，於穆不已。命不已則性不已；性不已則率之爲道亦不已，而無須臾之或離也」，也是可以當下言之的。蓋從存有論上說，天地萬物皆爲此生生不已之天所命而爲其性，吾人率此性以爲道自亦不容自已而不離於此天命，故又謂「此個性道體段，原是渾渾淪淪而中，亦常是順順暢暢而和」，百姓日用即是道。在工夫上，近溪則說：

今論人情性之平常應用者，是喜怒哀樂；而其最平常者，則又是喜怒哀樂之未發也……中庸原先說定，喜怒哀樂而後分未發與已發，豈不明白有兩段時候也耶？（《明道錄》卷一，頁 14）

相較於陽明之自良知自體言中和，且致良知工夫是一貫的：「未發之中即良知也，無前後內外而渾然一體者也」。近溪則明白指出，工夫有「兩段時候」。蓋近溪是將已發、未發移到具存有論意義之「情性」上說，而以喜怒哀樂本身指此情性之已發（平常應用），喜怒哀樂之未發狀態則指作爲最平常之百姓日用之情性自身。因而，在工夫上，所謂的「定」乃針對此情性未發爲喜怒哀樂前所作之觀照工夫，〔註 39〕即一先悟存有之工夫，若所悟眞切，則此情性（中）之爲用（發而爲喜怒哀樂之道德實踐），自亦無不中節（和），故謂工夫有兩段時候。

顯然，其所謂的中和並非如陽明之從主體性之良知自體，而是就此日用

〔註39〕 近溪曰：「細觀吾人終日喜怒哀樂，必待物感乃發，而其不發時則更多也。感物則欲動情勝將或不免，而未發時則任天之便更多也。中庸欲學者得見天命性眞以爲中正平常的極則，而恐其不之喫緊帖體也，乃指著喜怒哀樂未發處，使其反觀而自得之，則此段性情便可中正平常，便可平常中正，亦便可立大本，而其出無窮達大道，而其應無方矣」（《明道錄》卷一，頁 14）

情性之未發、已發已言之。因此，在工夫上，只要吾人先「保合初生一點太和更不喪失」（立中），其後自能「終日語默動靜，出入起居，雖是人意周旋，卻是自然莫非天機活潑也」（用和），天命之性即不離於吾人之日用常行。當然，所謂「此只是人情才到極平易處，而不覺功化卻到極神聖處也」，這仍是一種極高明而道中庸之悟本體境界。但是，依其悟後起修之教法，正是以這種極高明而道中庸之境界，作爲倫理實踐之起點：回到百姓日用倫理中率性而行：

> 聖賢最初用功便在日用常行。而日用常行只是性情好惡。我可以通
> 於人，人可以通於物，一家可以通於天下，天下可以通於萬世。故
> 曰：人情者，聖人之田也。（《盱壇直詮》上卷，頁 23）

視「人情」爲「聖人之田」，亦正是本文第二章所述的「性地爲先」工夫進路之具體實落。基本上，賦予此百姓日用之性一特殊之存有論根據，而在工夫上把吾人倫理實踐之著力點，由陽明之於良知自體用功，事上磨練，轉移至吾人日用常行之人情（性情）好惡，更順此人情之好惡而通之於天下家國，即是其承繼泰州學派家風而強調「百姓日用是道」之眞義。

　　然則，如上文所述，所謂的「百姓日用是道」並非說道德實踐不須工夫。依近溪，道固在百姓日用處，但現實上百姓日用依然有不合道時；道本平常而不離於捧茶童子，但其間仍有待先知先覺之指點，其間仍有「知」與「不知」之別，這仍有賴上述兩段式之「悟存有」工夫。再者，知得吾人此形色即是天性，並非即是「踐形」，所謂「惟是生知安行，造位天德如聖人者，於此形色方能實踐。實踐云者，謂行到底，畢其能事……必渾然是個聖人，始可全體此個形色」（《明道錄》卷三，頁 16），踐形乃就果地之聖人份位而言之；同樣地，「知後乃方可入聖焉，非即聖人也」（《明道錄》卷七，頁 8），成聖仍有一倫理實踐歷程。因此，表面上看，百姓日用是道似乎是易知易行，實則，其中卻蘊涵一套有別於陽明「致良知教」之工夫系統。這也是本文下一章探討的重點。

第四章　羅近溪之道德實踐論

第一節　近溪工夫論之基本格局

　　一般來說，本體與工夫乃儒者言道德實踐必涉及之兩個根本問題。就前者而言，吾人道德實踐之所以可能，必依一超越的本體爲實踐之動力與存有論根據，同時，必然要肯定此本體乃人人所本具者；否則，成聖便非人人可能，道德實踐之意義亦頓時刹減。然則，肯定此本體爲人人先天本具，並非意謂現實上人人即是聖人，也不是說無道德工夫可言。

　　進言之，本體既爲道德實踐之動力與超越根據，則吾人對此本體體證之程度如何，必然會影響其工夫進路問題；反之，此本體既亦涉及天地萬物之存有論根據問題，則所謂的道德工夫之歷程，實即吾人對此本體之體證歷程。如此，所謂的本體與工夫間，實有一辯證之關聯，是密不可分的，是吾人道德實踐歷程中一體兩面之事。

　　事實上，就明代儒學發展史之觀點看，陽明逝世後，王門諸子爭論的焦點，便是落在本體與工夫間之辯證關聯上，而以陽明晚年著名之「天泉證道」事件爲此爭論之肇端。〔註1〕基本上，這是以王龍溪爲首的「四無」派與錢緒山爲首的「四有」派間之爭論。更具體地說，其問題爭論之焦點乃在於，所

〔註 1〕有關王門天泉證道與四有、四無相關問題之研究，請參閱高瑋謙先生《王門天泉證道研究》，國立中央大學哲學研究所碩士論文，民國 82 年 5 月；及王財貴先生《王龍溪四無說析論》，國立臺灣師範大學國文研究所碩士論文，民國 80 年 6 月。

謂的「頓悟本體」之境界是否一定要在工夫純熟之化境意義下始可言之，不經歷工夫層級而「當下」頓悟本體是否可能？而此頓悟本體之境界本身是否可成為工夫或教法之起點？基本上，錢緒山之主張是否定的，王龍溪則以其親身之體證與穎悟而肯認此說，並力主一「從先天上立根」之四無教法。至於陽明之立場，若依牟宗三之詮釋，則持保留之態度，即其不否認聰明穎悟者固可當下一時頓悟本體，然此頓悟之境界本身並不足以獨立於四有之「漸悟」境界而另成一特殊教法，即四無之頓悟境界仍須以四有之漸修為根據。〔註2〕然則，姑不論陽明之立場為何，剋就近溪之哲學立場而言，如本文第三章所述，近溪本體論建構之主要意義乃在賦予「百姓日用是道」一存有論根據，所謂的「悟後起修」之工夫進路，即指「知」（悟）此百姓日用即是道之所在，並將道德實踐之重心從陽明之對主體性良知之體證轉換為率吾人日用之性而行。在這意義下，其所謂的百姓日用是道，顯然亦須預設一頓悟本體（存有）之工夫歷程。而此頓悟本體之境界亦非如王龍溪之從先天上良知之「一點靈明」立根，而是「知」得吾人之日用常行即是「性」，即是存有，並率此性以為道德實踐。此一特殊之工夫進路，本文第二章亦曾約略述及。那進一步說，在理論上，近溪如何證成此一特殊教法呢？首先，我們可以先對照一下近溪對「教法」之理解與諸儒之異同。

一、大人之教

> 問：君子深造以道，其道即率性之道否？曰：近世諸儒亦有如此作解者，但熟讀孟子語意，則甚未妥貼。曰：然則果如集註舊說乎？曰：雖近似而亦未得的確。若要的確，則須從頭說將起來。蓋維天之命，於穆不已，則人之所性，皆可率而為道，然非其至者。必修道成全而為大聖人，然後性命之學可以立教，而曰大人之學之道也。
> （《明道錄》卷六，頁 15）

這裡所謂「近世諸儒亦有如此作解者」，當隱指陽明而言。陽明曾說：

> 子思性道教，皆從本原上說。天命於人，則命便謂之性。率性而行，則性便謂之道。修道而學，則道便謂之教。率性是誠者事，所謂「自誠明，謂之性」也。修道是誠之者事，所謂「自明誠，謂之教」也。

〔註 2〕 見牟宗三先生《從陸象山到劉蕺山》，第三章王學之分化與發展，論王龍溪部份，頁 267～282。

聖人率性而行，即是道。聖人以下，未能率性於道，未免有過不及，
固須修道。修道則賢知者不得而過，愚不肖者不得而不及。都要循著
這個道，則道便是個教⋯⋯。人能修道，然後能不違於道，以復其性
之本體，則亦是聖人率性之道矣。（《傳習錄》，頁151，第一二七條）

所謂「子思性道教，皆從本原上說」，此本原乃指良知自體而言。蓋依陽明：
「心即道，道即天，知心則知道知天」（《傳習錄》，頁96，第六十六條）。心、
道、天，乃至性、道、教，只是所言分位稍有不同，實則皆指良知自體而言。
誠如本文第一章所述，良知本體人人皆同，然現實上則因先天稟賦上聖賢愚
之別，而有受用上之異；因而在工夫進境上亦有「生知安行，學知利行，困
知勉行」之區分，而不可獵等以進。依此區分，則《中庸》所謂「率性之謂
道，修道之謂教」，亦分別成為聖與賢愚間工夫之不同進境。「率性之謂道」
乃專就聖人份位而言，蓋聖人「本體明白」，自率其性即無往而非道：「率性
是誠者事，所謂『自誠明，謂之性』也」。因此，聖人並無所謂「修道」可言，
修道乃賢、愚份位上之事：「修道是誠之者事，所謂『自明誠，謂之教』也」。
賢、愚之人能修道而時時循此道而行，則此道亦即是「教」。若能工夫純熟而
「復其性之本體」，使良知本體能時時受用，自亦可言率性而行了。

　　要之，陽明所謂的「修道之謂教」，即指依此道（良知）作為吾人道德實
踐之超越根據及工夫進層之判準：「都要循著這個道，則道便是個教」；若至
果地之聖人境界則亦無所謂教之可言，蓋此時吾人「亦是聖人率性之道矣」。
顯然，陽明所謂的教乃著重於吾人因地起修中內聖工夫之歷程義而言，若謂
其教乃一「方便設施」，實亦無不可。而此義，近溪並不認同。

　　朱子註「率性之謂道，修道之謂教」：

　　率，循也。道，猶路也。人物各循其性之自然，則其日用事物之間，
　　莫不各有當循之路，是則所謂道也。修，品節之也。性道雖同，而
　　氣稟或異，固不能無過不及之差。聖人因人物之所當行者，而品節
　　之以為法於天下，則謂之教，若禮樂刑政之屬是也。〔註3〕

這裡，與陽明不同的是，朱子把「修道之謂教」放在聖人身上說。依朱子，
吾人日用之間價值判斷之超越根據，即是道，而道即是理，即是性。但「性
道雖同，而氣稟或異」，故所謂的「修道之謂教」，便是聖人欲「品節」吾人
氣稟之有過偏與不及之弊，從而點出此道此性作為吾人道德實踐之規範根

〔註3〕見《四書讀本：學庸》，朱熹集註，蔣伯潛廣解，頁2，啟明書局版。

據，而其具體之實落則是禮樂刑政之屬，此即是教。顯然，朱子所謂的教，乃指聖人之「教化」義涵，此義當爲近溪所認可。然朱子依其理氣二分之思想格局，其所謂的修道或教強調的仍是對吾人「氣質之性」之對治義涵，此則非近溪所理解的教之本義，故謂其雖近似而未得的確。

　　依近溪，如前文所述，此性既指百姓日用之性，固人人皆可率而爲道。然所謂教則「必修道成全而爲大聖人，然後性命之學可以立教」，此教乃指果地份位之「大聖人」，爲「教化」百姓而有之施設而言，此顯然不同於陽明之就吾人成聖歷程義以言教。至於「修」道，亦非如朱子之著重於聖人以道「品節」吾人氣質之偏弊，而是就大聖人之「成全」其自身內聖外王兼備之份位而言之：

> 蓋隆古聖神，自克明峻德，以親睦九族，平章百姓，協和萬邦，而爲人倫之至。故大學之道，在明德親民止至善也。（《明道錄》卷六，頁 15）

故此學此道乃一「大人之學之道」，是一「直探性命之微」之學，此教亦爲「大人之教」。事實上，近溪亦曾批評其時之學者「以意爲學，以意爲說」，而所成者只是「小道」，並比之以禪家所謂「二乘者流」之說，以別於此「大人之教」。〔註4〕

　　再者，此教此學雖從聖人份位以言之，然其既爲一「究竟之教」，則在教化意義上，自非僅限於上智之聖人：

> 問：《中庸》天命之謂性，是說道之本源；率性之謂道，是聖人份上事；修道之謂教，是賢人份上事，此論是否？余曰：陽明先生修道說，云：率性一言，是誠者也；修道一言，是誠之者也。一友復曰：豈惟陽明，《中庸》固自分之矣！不曰自誠明，謂之性；自明誠，謂之教乎？大眾論遂紛紛。……蓋天地之靈明洞徹，則身心之敬畏自嚴。賢人固以是而入，聖人亦以是而純。分位稍有不同，工夫實無二致。雖《中庸》言意不可妄爲分析，要之，天命、率性二句似啓乎修道之端，而修道一句，似卒乎天命率性之蘊。不分聖賢以至吾人，均以知性爲先，所謂智之事；均以盡性爲後，所謂聖之事。先

〔註4〕近溪説：「此心至靈，何所不有。若果強而求之，豈惟事變不動，禪家二乘者流，其坐入靜定，固千百餘歲而一念不起，然明眼觀之，終是凡夫，而此心眞體，則毫無相干也」（《明道錄》，卷六，頁 14〜15）。

　　後二字，亦只強言。其實初先知時，自然已不住修；末後盡時，自

　　然更妙於知。(《明道錄》卷六，頁 10～11)。

由引文可知，近溪也知道對陽明是將率性、修道二事分屬聖人與賢人、愚人而
論，且《中庸》本身似亦言之鑿鑿。但若順陽明之說，及傳統上之理解，則其
所謂的「大人之學之教」，亦將無以成立。但近溪亦未正面提出反駁，只是將焦
點轉往一「實踐之學」上：「古人著書，都是直述目前實事。今且將書本姑置，
只論吾輩相聚在此為著甚的來……」(同上引文)。事實上，亦只有對經典採取
一「創造性地詮釋」之態度，始能符合其大人之教：悟存有以言道德。「蓋天地
之靈明洞徹」，乃自存有(天心)之澈悟言之；「身心之敬畏自嚴」，則自道德工
夫言之。顯然，由澈悟存有而言道德實踐，乃近溪哲學之基本立場，故謂聖、
賢於分位上雖稍有不同，但皆以是而入、而純，工夫實無二至。

　　進一步，近溪更將傳統上對《中庸》這三句話之詮釋「顛倒」過來：「天
命、率性二句似啟乎修道之端」，把原作為道之本源的天命之性，與聖人份上
之率性之道，視為修道之肇端，即吾人因地起修時即可如果地聖人般地，皆
率此天命之性而修道；「修道一句，似卒乎天命率性之蘊」，人人既皆據此天
命之性而修道，則因地起修時即涵蘊果地之德。這裡所強調的仍是一種「悟
後起修」之究竟法門。於因地上即本體透徹，身心清淨，則其工夫自然簡易
精微，其果亦莫可限量。以果木為喻：「其核生土中，即根株枝葉一時具足，
難說其非樹也」(《明道錄》卷七，頁 8)，因地之功即涵果地之德；反之，「雖
至成樹，而根株枝葉與初始不爭一些」(同上)，果地上無可限量之德亦不外
於此因地本具之清淨本體：「過化存神是樹木末梢的果子；良知良能是樹木根
底的果子。根梢分得兩頭，果子貫通一脈」(《明道錄》卷八，頁 16)。

　　乍看之下，這個說法頗類似本文第一章所述，陽明聖賢愚三層級間，由
因地起修到果地化境之有機關連。但陽明強調的是三層工夫進境間之層級關
連：於困知勉行、學知利行中即涵日後生知安行之因子，前者之工夫乃後者
之基礎，後者之進境亦不外由前者之工夫積累而成。蓋聖賢愚三者「本體受
用」之程度不同，其工夫進路自亦有所不同。近溪實則取消聖賢愚三層工夫
進境之別，並直接由存有論上肯認良知本體之通貫於因地與果地，而不分凡
聖，皆是同一「聖體工夫」(即本體即工夫，即工夫即本體)，而凡聖之別亦
端在其聖體工夫之間斷與否。這正是其「大人之教」所強調的特殊工夫進路。

　　在這意義下，近溪強調：「不分聖賢以至吾人，均以知性為先，所謂智之

事；均以盡性為後，所謂聖之事」。知性為先（性地為先）即悟存有之工夫，
所謂：

> 惟夫明睿過人，資近上智者，則工夫不肯而妄用，而汲汲以知性為
> 先，究悉名言，體察沈潛，而性命之蘊能默識心通，便自朝自暮，
> 縱感應紛紜，卻直養無害之功，如如自在；靜定不遷之妙，寂照圓
> 通。（《盱壇直詮》上卷，頁 101）

此中顯有其深邃之道，故為「智」（默識、體證）之事；而其後之盡性則是落
於具體的道德實踐而言之。蓋依近溪，「心性本是同一神理」，悟存有之主要
意義乃在落實於孝弟慈等倫理實踐歷程中，此乃「成聖」之事；否則，即只
成一光景之玩弄。〔註 5〕

　　就時間意義上說，所謂的知性為先，盡性為後之「先後」，就吾人道德實
踐之整體歷程而言實難以區分的，故謂「先後二字，亦只強言」。但分解地說，
就工夫歷程之「價值意義」而言，其中仍有一先後或本末之關係。甚至，如
第三章所述，近溪亦曾明白指出當先有一求「定」（中）之一段工夫，始有喜
怒哀樂發而皆中節之和，而工夫分兩段；然統而言之，所謂的天之知（悟存
有為先）與人之知（盡性為後）「並歸一路」，近溪強調的仍是一種「一以貫
之」：「立本以舉末，本立則末舉」，而本末一貫之究竟法門。〔註 6〕在這意義
下，近溪說：

> 問：坤之文言曰：敬以直內，義以方外，此意似是用工乃曰直方大；
> 不習無不利，謂之不習又似全無工夫。今說者以前為初用工夫，後
> 則即熟自然。不知是否？曰：易之辭源明白順暢，而說者反牽強晦
> 之……要之，世間有志學者，說著敬義，便去講求道理，著力持守，
> 指之曰：是為用工。說著不習而利，便要等待時候，不即承當，指
> 之曰：是為習熟自然。卻不知自然之妙，豈是習熟之所能到？而工
> 夫不識性體，性體若昧，自然總是無頭學問。細細推來，則自然卻
> 是工夫之最先處，而工夫卻是自然之已後處。次第既已顛倒，道蘊
> 何能完全。（《明道錄》卷三，頁 15）

若依漸修之教法，所謂「不習無不利」或「自然之妙」，這種「四無」意義下，
無工夫之工夫（工夫而無工夫相）之境界，顯然需要經歷敬以直內，義以方

〔註 5〕有關光景論問題，請見本文第五章第一節之討論。
〔註 6〕有關一以貫之之義，請參見本文第三章第一節之相關討論。

外之漸修工夫始可言之。然依一以貫之之究竟法門，卻反過來肯認「自然卻是工夫之最先處，而工夫卻是自然之已後處」，自然之妙無待於化境始可言之，而是「當下」即可能的，是第一義之工夫；其後自然之已後處之漸修工夫反成了第二義之工夫了。

事實上，近溪所謂的教本即指大聖人修道成全後而有之施設，聖人顯然已是性命之源透徹，內聖外王兼備者，則其以此一以貫之之究竟法門立教，在理論上並無困難。然則，近溪一方面盛言百姓日用是道，只要能「知」之，則此道似乎是簡易平易，而人人可行的。這裡又說「自然卻是工夫之最先處」，這種看似深邃之第一義、頓教法門，則在理論上如何保住此第一義頓教法門之精神，又可維持儒學作爲普世化之教化意義，乃是其哲學之主要課題之一。這裡，我們注意到近溪對所謂不學而知，不慮而能的赤子之心之特殊詮釋。

二、赤子之心即天命

> 今試抱赤子而弄之，人從左呼，則目即盼左；從右呼，則目即盼右。其耳蓋無處而不聽，其目蓋無時無處而不盼。其聽其盼蓋無時無處而不輾轉，則豈非無時無處而無所不知能也哉。（《明道錄》卷七，頁 55）

> 但今看來，道之爲道，不從天降，亦不從地出，切近易見，則赤子下胎之初，啞啼一聲是也。聽此一聲啞啼，何等迫切；想此一聲啞啼，多少意味！其時骨肉之情，依依戀戀，毫髮似也分不開，頃刻也似安歇不過。真是繼之者善也，成之者性也，而直見呼天地之心。（《盱壇直詮》上卷）

誠如牟宗三先生所指出的：

> 在個人的道德實踐中，我們首先要肯定的，就是：每一個人皆是一「精神的生命」。雖在孩提，無不知愛其親。這就是一個精神生命。……由赤子啞啼一聲，直見天地之心，亦直見他渾身是個知能呈現。天地之心，渾是知能，此就是「道」。道就在這裡呈現。於此，我們直接肯定他是一個精神的生命。毫無條件，亦毫無可懷疑。〔註7〕

然同時，牟先生亦指出，近溪此處所謂的赤子之知能，尚只是一「原始的諧

〔註 7〕見牟宗三先生《生命的學問》，頁 221，三民書局：民國 60 年 6 月再版。

和」之精神，此一圓融的絕對只是一普遍性，一「自身涵攝之存在」，赤子之個體性仍處於潛隱狀態；於此，尙須由原始諧和之破裂，亦即，此原始精神須從其與物渾淪一體中，退處爲一主客對治之純粹「精神主體」（良知主體），而歷經無數「精神辯證之發展」，精神之個體性始能被表現出來。所謂的大人者不失其赤子之心，正是精神精此自覺之辯證發展所呈現之「再度諧和」，而非即是赤子原始諧和、渾沌之心。〔註8〕然則，依上述近溪大人之學之究竟法門，並不強調這一曲折之對治歷程，只要證悟得吾人此「赤子之心即是天命」，即能自然而然地行倫理實踐，問題只在吾人日用而不知而已：

> 問：晦庵先生謂由良知而充之，以至無所不知；由良能而充之，以至無所不能，方是大人不失赤子之心。此意何如？曰：若有不知，豈得謂之良知，若有所不能，豈得謂之良能。故自赤子即無所不知，無所不能也。於是坐中諸友競求所謂赤子無所不知，無所不能，而竟莫得其實。乃命靜坐，歌詩偶及於萬紫千紅總是春之句。因憮然嘆曰：諸君知紅紫之皆春，則知赤子知皆能矣！蓋天之春見於花草之間，而人之性鑑於視聽之際。（《明道錄》卷七，頁5）

依上述牟先生之說法，孟子所謂「大人者，不失其赤子之心者也」，並非說大人（聖人）之心智「能力」就是赤子「原始渾沌」之心，而應只是一「象徵性」的說法，藉以「比喻」聖人能保持其如原本純善之初心而不喪失，亦由此而見人性之本自純善無染。畢竟，現實上，人之能由一原始渾沌之赤子至大人不失其赤子之心，其間顯然是要歷經種種複雜之曲折，並自覺和反省後始又反歸其純眞之本性：精神之「再度諧和」。朱子之謂由良知良能之「充擴」，始可言其「無所不知無所不能」，正類似此意。然依近溪：「如此條口氣，則孟子非是稱述大人之能，乃是贊嘆人性之善也」，〔註9〕即近溪並不就大人再度諧和意義下，其赤子之心般「無所不知無所不能」之「能力」以言之，而是當下肯認其只是「讚嘆」人之本性如赤子般之純善無染。在這意義下，從存有論上說，赤子之心與大人之心，實亦無所謂原始諧和與再度諧和之區別，吾人自赤子時其心即是「無所不知，無所不能」的。顯然，這是一種特殊之

〔註8〕 同上，頁222。

〔註9〕 「問：大人不失赤子之心，其說維何？曰：須凡看經書，須先得聖賢口氣。如此條口氣，則孟子非是稱述大人之能，乃是贊嘆人性之善也。蓋今世學者，往往信不過孟子性善之說，皆由識見之不精；其識見之不精，又皆由思致之不妙」（《明道錄》卷六，頁11）。

詮釋方式，那近溪又將如何在理論上「證成」此一說法呢？

如上文所述，依近溪之思路：「君子所性，仁義禮智根於心」、「心視仁義禮智深且宏」，根源存有義之心，比之道德義之性，前者乃如樹之根本，是善之根本；後者則如根所生之枝葉，是善之枝葉。其所謂赤子之知能，並非就經驗義之「知得、能得」某事善等枝葉而言；而是就超越義的「不落知能說善，亦不離知能說善」，是生而知之，不學不慮，所謂「善之根本」之良知良能而言之。〔註10〕在這意義下，近溪說：

> 人之學問，止能到得心上纔有個入頭。我看孟子此條不是說大人方
> 能不失赤子之心，卻是說赤子之心自能做得大人。若說赤子之心止
> 大人不失，則全不識心者。(《明道錄》卷六，頁12)

亦即，吾人若能「悟」得存有根源義之心地法門，則所謂的「不學不慮而純淨無染」之良知良能，非只「充擴」至化境上之大人始能不失，而是吾人當下即可據之以爲道德實踐之根據而成聖者。畢竟，此赤子不學不慮之知能與聖人「不勉而中」之體，正由如金之在礦般，是無差無別的，而只待吾人鍛鍊之功而已。〔註11〕依其大人之教之究竟法門，只據此赤子知能「一以貫之」，自能做得大人。

進一步說，近溪是把赤子之性勾聯到其百姓日用是道上。依前文，「吾人此性，即是天命」，問題只在「知與不知」而已。又謂：「蓋大人者不失其赤子之心，則赤子之心即天命」(《明道錄》卷三，頁7)。則此赤子之心，是人人當下即有而可時時呈現於日用云爲之中的。依其存有論上萬物一體之關連：「蓋天之春見於花草之間，而人之性見於視聽之際」，而此視聽之際最具體而眞實之呈現，則非吾人源初純淨無染之赤子之身心莫屬了。此赤子心正足以與莫之至而致，莫之爲而爲之天「對同」：

> 反思原日天初生我，只是個赤子，而赤子之心，卻說渾然天理。細
> 看其知不必慮，能不必學，果然與莫之爲而爲，莫之致而至的體段，

〔註10〕這裡所述，見《明道錄》卷六，頁11~12。

〔註11〕這裡所述，見《明道錄》卷五，頁12~13。就現實上之作用表現說，赤子知能與聖人之體當然有一「量」上之不同；但就存有論或質上說，此赤子無所不知無所不能之心，與聖人不勉而中之體，是同一的，蓋皆源於同一天命本體。(陽明著名的聖人「成色分兩論」即討論了此一問題)。而依近溪，所謂的鍛鍊之功，即據此赤子知能充擴之以爲倫理實踐，當其能達致價值意義上之萬物一體之境，而安家安邦，即是大聖人了。有關此細部之工夫論，詳見下文之論述。

渾然打得對同過也。(《明道錄》卷四,頁3)〔註12〕

如此,則赤子之知能,一方面就呈顯於現實上每一「活生生」之個體,另一方面,此知能又牽連於天之知能,是天命之性之具體呈顯,正所謂「但今看來,道之爲道,不從天降,亦不從地出,切近易見,則赤子下胎之初,啞啼一聲是也」。赤子之出現天地間,正如「粉碎虛空,大地平陳」之悟道經驗般,是一原始赤裸裸生命之破空而出,而展現其原初之空寂性、純潔性,而只是一純善之流行。〔註13〕此赤子之心,正是一原始渾沌而渾然與物無別之心靈,而只表現一生之靈覺:「觀夫赤子之目,止是明而能看,然未必其看之能辨也。赤子之耳,止是聰而能聽,然未必其聽之能別也」(《明道錄》卷六,頁12)。此看而不辨,聽而不別之赤子心,亦即上文所謂,作爲「善之根本」之心性,其具體之呈現了。如此,其爲「繼之者善也,成之者性也,而直見呼天地之心。」(《盱壇直詮》上卷),即即天命之性。

要之,把傳統儒學中超越之心性本體,具體轉化爲一原始而無分別之赤子之心,並已知爲吾人道德實踐之具體根據,正是近溪哲學之特殊處。至於其工夫論之具體展開,則依其對《大學》一書之詮釋了。〔註14〕

三、近溪工夫論之展開模式——以《大學》爲核心之工夫系統

《大學》一書,雖提供一內聖外王之工夫格局,然因其義理歸向之未定性,故歷來儒者皆以自己之哲學系統爲決定根據,來敷衍《大學》之工夫次第。近溪亦不例外:「孔子之學,在於求仁。而《大學》即是孔仁求仁全書也」(《盱壇直詮》上卷,頁2)。其「大人之學」之工夫系統,正以《大學》爲展開之依據。

基本上,承泰州學派之特殊家風,近溪對大學之理解,是以王心齋之「格物論」爲基礎的。誠如本文第一章所述,就《大學》實踐之綱領而言,陽明

〔註12〕關此,近溪亦謂:「然赤子孩提,孰知之哉?天則知之耳;不學而能,其能何等簡也。然赤子孩提,孰能之哉?天則能之耳。想當時孟子只是從赤子孩提此處覷破,便洪纖高下,動植飛潛,自一人以及萬人,自一物以及萬物,自一處以及萬方,自一息以及萬息,皆是一樣知能,皆是一樣不學不慮。豈不皆是一個造化知能之所以神明而不測者哉」(《盱壇直詮》上卷,頁108)。

〔註13〕這裡,對赤子之心之存有義詮釋,參見唐君毅先生《生命存在與心靈境界》(下),頁173~174,學生書局:民國75年5月全集校訂版。

〔註14〕「問:《大學》宗旨。曰:孔子此書,卻被孟子一句道盡。所云:大人者,不失其赤子之心是也」(《明道錄》卷七,頁1)

所謂的「至善」固就吾心本然之良知天理而言之，且亦謂「明明德者，立其天地萬物一體之體也；親民者，達其天地萬物一體之用也」（大學問）。但基本上，陽明是以明明德、親民作爲止於至善之先決條件，而止於至善則是明明德、親民之結果。而依心齋，止於至善卻是明明德、親民之先決條件，明明德、親民反而是其結果。而所謂止於至善，實即是格物，而格物亦即是安身。蓋心齋釋大學「物有本末」之物爲「統天地萬物爲一物」，並以吾身爲本，天地萬物爲末；同時，依其所謂的尊身必得尊道，尊道必得尊身，將此身與道連結在一起。如此，在道德實踐上，能以「吾身」（統合身心而言之）爲矩（吾身是個矩）、爲本，自能正本以舉末，由保身爲本再推及於天地萬物之末。如此，本末之間乃形成一辯證之關連。能知此本末關係，即是格物，物格身自安，即能止於至善。

只是依心齋，其雖肯認吾身與天地萬物間形成一體之關聯，但在道德實踐上，所謂「吾身是個矩，天下國家是個方」（《王心齋全集》卷三，頁 3）），基本上仍是以吾身（保身）作爲絜矩之標準，再推之於天下國家。然依近溪：「規矩者，方圓之至也；聖人者，人倫之至也。只識得古聖爲明、親之善之至，而明德親民者所必法焉，則《大學》一書，從首貫尾，自然簡易條直而不費言說也已」（《盱壇直詮》上卷，頁 4）。顯然，作爲絜矩典範者，以由心齋之吾身，轉換爲堯舜等內聖外王兼備之「古聖人」；而此止於至善之古聖人，正是知此身與天下家國本末關聯之典範。〔註15〕以聖人爲法，自亦能格物而安身了。既以「法聖」作爲格物與安身之基點，則在具體的道德工夫次第上，近溪強調的是一「知所先後」之實踐軌範：

> 蓋天下本末只共一物……試觀古聖人欲明明德於天下，夫欲明明德於天下，是本末一物而始終一事也。他卻於所先而先之，治國齊家而及於致知在格物也。於所後而後之，物格知至而及於天下平也。
>
> （《盱壇直詮》上卷，頁 82～83）

依近溪，「天下本末本共一物」而形成一整體之關聯，能知此本末（先後）之關聯而依序實踐即是格物。從「先」而言，是欲治國者，先齊家，先修身：正心、誠意、致知，故謂「致知在格物」，身心乃成爲工夫之最先入手處，而其具體實落處則在格物：知法聖（止於至善）。由「後」而言，則是「物格」

〔註15〕古聖人正是近溪所謂「此即是天下之本在國，國之本在家，家之本在身；物之本末，事之終始，知所先後而不亂者也」（《盱壇直詮》上卷，頁 4～5）。

（聖法）而後知至，知至而後意誠、心正、身修、家齊、國治而後天下平，天下平乃格物之極果。析而言之，身心乃天下之本，天下乃身心之末；統而言之，身心與天下家國本是一體。所謂「本之身心，以通夫天下國家；盡乎天下國家，而管乎身心」，正是對此身心與家國整體關聯之具體表示。那進一步說，此一整體關聯如何可能落實在具體的工夫次第上呢？

> 古今聖人之學，所以爲學之大；聖人大學之善，所以爲善之至。吾人欲學其學之大，而可不求其善之至乎？於其善之至，能知止之，斯於其學之大，自爾得之。定靜安慮四字，是形容知止之止字本來純一，亦是顯現至善之至字極其果確也。（《盱壇直詮》上卷，頁82）

> 本之身心，以通夫天下國家；盡乎天下國家，而管乎身心。其說在《大學》更無詳乎誠意諸章。卻總是稱述六經賢聖之格言，以立立本舉末之主意。即是便知止而後有定，心正即是能靜，身修則是能安，齊治平則是能慮而得也。（《盱壇直詮》上卷，頁83～84）

《大學》：「知止而后有定，定而后能靜，靜而后能安，安而后能慮，慮而後能得」（經一章）。若依傳統儒者之理解，由因地之知止（於至善）工夫，始可言果地上之定、靜、安、慮、得，亦即，知止乃靜定安慮得之「先決條件」，﹝註16﹞其間工夫次第是相當明顯的。但近溪依其大人之學之教法，卻將果地上定靜安慮等概念，統收攝爲因地上「止於至善」之「止」字以言之，而謂此四字只是形容「止」字之「本來純一」，並視之爲「至善」極果之顯現。即在工夫上，一言止於至善，則定靜安慮等極果頓即顯現，而不待其後之次第工夫。此正是其所謂「立本舉末」之主意。如此，就工夫極果之顯現而言，能法古聖人之知所先後而「知止」（於至善），即是「物格而知至」，物格知至即統攝「定」（意誠）、「靜」（心正）、「安」（身修、安身），「慮、得」（家齊、國治、天下平），亦符合《大學》內聖外王兼備之工夫規模。從內聖面說，是「本之身心以通乎天下」，由內聖即直通外王；從外王面說，是「盡乎天下而管之身心」，外王即統攝內聖。依其「一以貫之」（立本舉末）之道，內聖與外王實乃道德實踐中「一體之兩面」。其工夫最先入手處乃在「本之身心」（安身），其具體實落處則在知所先後而一以貫之（格物），關鍵亦只在能「法聖」而知止於至善（致知）。如此，安身、致知、格物實只是同一件事而已，其主

﹝註16﹞見潨溢成先生《大學義理疏解》，頁37，台灣省民政聽：民國74年6月版。

腦則在「法聖」。

　　這裡，就形式義而言，實與陽明工夫系統中，以致良知爲主腦，而誠意、致知、格物是同一件事之說，有異曲同工之妙。然則，誠如本文第一章所述，陽明所謂「爲善去惡是格物」，雖於良知之明覺感應中，此物可「事、物（存在物）兩指」，但其基本義涵則是一一個別之「行爲物」。且其所謂誠意，乃良知就意之所發有正與不正而照察之，所謂意誠而心正、身修，其工夫顯然是較偏向於內聖面。今近溪既承心齋之旨，釋《大學》「物有本末」之「物」爲身心家國整體關聯之物。在這意義下，身之爲身，顯然不是陽明所謂會「順軀殼起念」之形軀身。其所謂「人之所以爲大者，非大以身。大以道，大以學也。學大則道大，道大則身大……」（《盱壇直詮》上卷，頁7），在吾人道德實踐歷程中，身之存在意義乃因其與道之關聯而被定位。則在理論上，能安身自能涵攝誠意，而不須汲汲於從「有善有惡意之動」之誠意工夫入手。就格物而言，此物既非一一個別之行爲物，而是聯屬身心家國天下之整體爲一物，則在理論上，能格物，其意義實同於知德、知命、知天、知性與識仁等道德實踐圓滿境界之呈現。〔註17〕如此，仍維持誠意（安身）、致知與格物工夫之一貫性，亦解消了心齋所謂「誠意、格物、致知各有工夫」之理論缺陷。〔註18〕當然，這些都是就聖人分位而言之，因此，在吾人具體的道德實踐上，近溪要強調法聖之關鍵意義了。事實上，把陽明作爲工夫主腦之「致良知」，轉換爲「法聖」；承心齋「淮南格物論」之旨，並據《大學》工夫次第，發展出一套以法聖爲基點，而有別於陽明「良知教法」的「大人之教」，乃近溪工夫論系統之殊勝處。

　　這一套特殊之工夫系統又將如何展開呢？首先，近溪既以法聖爲工夫之主腦，又以聖人境界之直接顯示爲其存有論（本體論）之根據，則吾人之願以聖人爲法，顯然須先「悟」（默識、觀）此聖人所顯示之境界，而悟之根據，又在能「信」得聖人境界乃眞實可能者，而成聖亦是人人可學、可能的。此亦即其屢屢強調「先知覺後知，先覺覺後覺」之工夫意涵。

　　其次，分別地說，就身心、誠意等內聖工夫而言，依其存有論上理氣之圓融表示，及「體仁而不制欲」之大人之教，近溪對「愼獨」與「克己復禮」等

〔註17〕近溪曰：「《易》云：知始知至，語云知德知命，《中庸》云知天，孟子云知性，程子曰識仁，此與大學所謂格物，其義一也。且所謂物，孟子先言之矣。曰：萬物皆備於我矣」（《盱壇直詮》上卷，頁7）。

〔註18〕這問題請參見本文第一章第二節之論述。

內聖工夫自有一番特殊之詮釋方式，而足以在理論上證成其實踐上之可能性。

就齊家治國平天下等外王面而言，依然是以法聖爲實踐之主要根據。在齊家上，聖人無論其境界如何高明睿智，然其道德實踐之最先實落處亦只是「孝弟慈」三字，近溪賦予此三字一特殊之道德意義。在治國平天下上，近溪強調的是「崇禮」（古聖所制之禮法），及「聖人而時中」（通權達變）之重要意義，以崇禮爲經，時中爲緯，經緯相貫，自能國治而天下平了。下文將依此次第，分別討論近溪之工夫論。

第二節　近溪論悟存有之工夫

一、信與悟

在心學中，無論是頓教或漸教，在某種程度上，總須有一悟本體之工夫；而既言悟，總不免涉及所謂信的問題。然對信或悟之強調，又依各心學家對本體之體證或教法之不同，而有意義上之差別。

在陽明學之發展中，當以王龍溪與羅近溪信最強調信之問題。基本上，龍溪之言信，必牽涉於所謂的「良知現在」義而言之。依龍溪，良知現在此大抵可就良知之存有義、活動義、當下自然呈現之現在性，及其實踐上之「當下具足性」（完整性）以言之。〔註19〕因而，對龍溪而言，道德實踐之首要工作便是「信」得良知及時：「良知是斬關定命眞本子。若果信得及時，當下具足，無剩無欠，更無磨滅，人人可爲堯舜」。〔註20〕再者，所謂：「予我信者，此心一念之靈明耳。一念靈明，從混沌立根。專而直，翕而闢。從此生天生地，生人生萬物。是爲大生廣生，生生而未嘗息也」。〔註21〕基本上，龍溪所信者，仍專就超越義的良知主體上之靈明、空寂性而言之，且其所謂的「致知」，並不須一先行之「悟本體」之工夫，而是於吾心念念之呈現發用中體悟良知本體：「念念致良知」，或其所謂的「以良知致良知」。〔註22〕基本上，這仍是陽明晚年單提致良知思路之進一步發展，只是龍溪更強調信此本心當下

〔註19〕這裡有關現在良知之論述，參見林月惠《良知學的轉折：聶雙江與羅念菴思想之研究》，頁175～177，國立台灣大學中文研究所博士論文，民國84年6月。

〔註20〕見《王龍溪全集》，卷十，答吳悟齋第二書，頁689。華文書局：民國59年。

〔註21〕同上。

〔註22〕參見林月惠《良知學的轉折：聶雙江與羅念菴思想之研究》，頁309。

之現在義而已。然依近溪：

> 此時心體，果是四端現在。然非聖修作，便終充擴不去。守規矩而
> 為方圓，夫豈不易簡也哉？（《盱壇直詮》上卷，頁 6～7）

基本上，近溪並不否認良知心體之能當下呈現，但並未如龍溪般地，由良知
當下呈現之超越動力，而肯認其工夫之當下具足與完整性。反之，其謂「學
者漫謂本心自足，而輒以意見彷彿為之，家國天下得其平者罕矣」（《盱壇直
詮》上卷，頁 6），對工夫上「逕信本心自足」所可能產生之弊病，近溪是持
高度警覺性的。這裡，所謂的「然非聖修作，便終充擴不去」，近溪強調的仍
是「法聖」（信聖人）之工夫意義。那在理論上，本心之明覺，又如何與法聖
關連在一起呢？

　　依前述近溪之特殊詮釋，乾知坤能與天地萬物本為一體。析而言之，乾
知以純陽而屬天心，坤能以偏陰而屬人心；〔註 23〕統而言之，所謂「乾以成
坤，坤以終乾」，乾知、坤能又非孤立言之，天人本是一體。現實上，人心雖
雖不免陰晦而屬陰，但其原初天所生之赤子之心，本即等同於莫之為而為，
莫之致而致之天，是為與天「打對同」。而聖人之所以為聖人，其工夫亦不過
是能常保其不慮不學之赤子之心，而當下與天打得對同，所謂「我常敬順乎
天，天常生化乎我。久久便自然成個不思不勉而從容中道的聖人也」（《明道
論》，卷四，頁 3）。因此，在工夫上所謂的「希聖希天」，其首出義亦不外是
「信」吾人原初赤子之心，本與聖人不慮不學之知同一聖體。如此，若能「信
而好古」，以直探性命之微，久之，「我即聖心，聖即我體」，在道德實踐上，
自能左右逢源而自得之。〔註 24〕即此而論，相較於龍溪之自良知一點靈明以
立根，雖一偏重於境界上之對同聖人赤子之心，一偏重於良知自體，但皆自
「因地」工夫及「理」上以言之，二者並無本質之差異。

　　然依近溪，信之為信，實有更進一層之工夫意義。蓋現實上，吾人畢竟
受血肉之軀之限制，此心圓通之妙用並不能當下顯現。但聖人則是已「踐形」
者，彼當下之視聽言動莫非是天機之顯現，身更是聯屬天下家國以成其身，
而達價值（工夫）意義上萬物一體之境，並證得存有論上天地萬物本是一體。
蓋分析地說，心即是理，事即是境。事固與理對，境亦與心相對。但在此聖
人圓頓境界下，非但理上良知自體是圓融的，且「理事」當下亦皆圓融無礙。

〔註 23〕參見《明道錄》卷二，頁 18～19。
〔註 24〕參見《明道錄》卷三，頁 15～16。

即，理不離於事，境亦隨心所現。因此，所謂的理事圓融之境界，亦只是隨吾人此心所現而無限隔，原不待一主體式之對治工夫。據此，則本文所謂的，以聖人果地意義之本體作爲吾人因地起修之本體根據，落實來說，即是據聖人之果地境界，而「信」吾人與天地萬物本同爲一體，則工夫自簡易直截。所謂「物我相通之機，既『體之信之』而無疑，則生化圓融之妙，自達之順而靡滯矣」（《明道論》，卷六，頁 17），即是此意。顯然，相較於龍溪之言良知一點靈明，此境界是更爲深微難信。故近溪對信之強調實較龍溪有過之而無不及。

更進一步說，所謂「悟則疑消，消則信透」（《明道論》，卷三，頁 24），信與悟間又存在一辯證之關連。只要能信，則不待化境，便可當下肯認眼前天地萬物與我皆是此生生本體當幾之顯現而不分彼此，此即是悟。物我之幾既通，自能起而行道德實。如此，近溪之所謂信與悟，實可就存有義之萬物一體與道德義之赤子知能以言之，且以前者爲首出義。那落實地說，這種工夫又如何做起呢？這涉及其所謂「觀」（默視）之工夫。

二、觀與悟

如前文所述，近溪雖言一以貫之，但依悟後起修之教法，工夫原有兩段，先「預設」一澈悟存有之工夫，再言道德實踐。則吾人之「悟」得此本體之首出工夫，並不須如陽明之必於道德意義上之「事」上磨練，或龍溪之從良知一點靈明上念念致良知。反之，依近溪，所謂的悟，乃可即於此生生不已之天地萬物中，「默視」或「反觀」其之所以生生不息之理，而體證物我相通之幾。且依其理氣圓融不分之存有論表示，此心此理之首出義既只是渾然與天地萬物爲一體之生生之幾。則所謂的欲，只當此心此理受制於血肉之軀而不暢其生生之幾時始謂之。所謂「心之精神之謂聖」，此心之圓通妙用，原可通物我而貫古今，則在理論上，只要此心之大用顯現，氣質之性即轉爲天命之性，欲只待轉化，並無去除之必要。近溪即以「觀」來表示此一工夫進路：

> 孟子曰：仁，人心也。心之在人，體與天通，而用與物雜。總是生之而不容已，混之而不可二者也。故善觀者，生不可已，心即是天，而神靈不可測，可愛莫甚焉。不善觀者，生不可二，心即是物，而紛擾不勝，可厭莫甚焉。然見心爲可愛者，則古今無一二；而心爲可厭者，則古今什百千萬而人人皆然矣。蓋自虞廷便說道心惟微，果是心涵道

體，神妙之難窺。人心惟危，果是心屬人身，形跡之易滯。危而易滯，
所以形跡在前者，滿眼渾是物欲，微而難窺，所以神妙在中者，終身
更鮮端倪。幸天生我夫子，聖出天縱，自來信好易經。於乾之大生，
坤之廣生，潛孚默視，會得人人物物都在生生不已之中。引線之星火
纖燃，銃砲之剛中爆發，一以貫之，不覺頃刻之間，仁體充塞呼天地
人物而無間矣。（《盱壇直詮》上卷，頁44～45）

所謂「心之在人，體與天通，而用與物雜。總是生之而不容已，混之而不可二
者也」，即表示在理氣圓融之存有論基礎下，吾人此心與物本在同一生生之幾
中，即在此渾淪磅礡的一元之氣之氤氳中而難以區分。所謂「善觀者，生不可
已，心即是天，而神靈不可測，可愛莫甚焉。不善觀者，生不可二，心即是物，
而紛擾不勝，可厭莫甚焉。」，則表示價值創造意義上，此心大用之全體顯現，
則仍有待一「觀」之工夫以成就之，此顯然不同於陽明或龍溪之於事事物物上
「致」良知。我們可分從兩個面向來探討近溪所謂觀之工夫意義。

　　所謂孔子「於乾之大生，坤之廣生，潛孚默視，會得人人物物都在生生
不已之中。」，此潛孚默視，即前文第三章所謂「君子由一氣以生天生地」。
蓋此理雖有費隱、幽明之別，但統而觀之，則盈天地萬物皆在此理之生生不
已中。於此，觀之所以為觀，即其所謂的「與天打對同」，亦即，去除此心主
體性之執著，而將整個身心委順於此天地生化之流中，而與天地保持一和諧
之關係，自能悟得吾人此身心原與天地萬物同在此一生生之化中而無別。此
悟之剎那，顯然不待化境，即能如「引線之星火纖燃，銃砲之剛中爆發，一
以貫之，不覺頃刻之間，仁體充塞呼天地人物而無間矣」。

三、觀照與理欲問題

　　進一步說，觀之本質意義，更涉及理欲問題。在道德實踐上，欲之存在
是工夫之首先要面對的問題，這問題在心學中，尤其迫切。蓋心學道德實踐
之動力根據，總不外須訴諸此心（良知）之明覺感應。當然，從本體論上說，
良知自體之寂感自如，自是此生生不息天理之呈現；但誠如近溪所謂的，血
肉都是重滯，而此心之用又與物雜，則現實上，此心之明覺感應，有幾分是
天理，幾分是人欲，乃不得不面對的問題。陽明所謂去得一分人欲，即增得
一分天理，即表示在道德實踐中，天理與人欲對峙之緊張關係，故誠意乃陽
明工夫之首出義涵，其要則在致良知於事事物物上（格物）。基本上，這是陽

明依存有論上理欲二分之格局，所必然導致之工夫進路。然依近溪，正如前文所述，本體與現象只是一體之兩面，理與欲之關係亦復如是：

> 問：掃盡浮雲而見青天白日，與吾儒宗旨同否？子曰：後世諸儒亦有錯認以此爲治心工夫者，然與孔孟宗旨則迥然冰炭也。……曰：此等習染見聞渾雜，難說不是天日的浮雲，故今日學者工夫須如磨鏡，將塵垢決去，方得光明顯現耳。子曰：觀之孟子謂知皆擴充，即一知字，果是要光明顯現。但吾心覺悟的光明與鏡面光明卻有不同。何則？鏡面光明與塵垢原是兩個，吾心之先迷後覺卻是一個。當其覺時，即迷心爲覺；當其迷時，亦覺心爲迷。除覺之外，更無所謂迷；而除迷之外，更無所謂覺。故浮雲天日塵垢鏡光俱不足爲喻。若必尋個善喻，莫若冰之與水猶爲相近也。若吾人閒居放肆，一切利欲愁苦即是心迷，譬之水之遇寒而凝結成冰，固滯蒙昧，勢所必至；有時共師友談論，胸次瀟灑，則是心開朗，譬之冰遇暖氣消融成水，清瑩活動，亦勢所必至也。況冰雖凝而水體無殊，覺雖迷而心體俱在。方見良知宗旨，眞是貫古今徹聖愚，通天地萬物而無二息。（《盱壇直詮》上卷，頁 127～128）

這裡，掃盡浮雲而見青天白日正是陽明力主之治欲工夫。而以冰與水喻此心之「迷覺一體」，亦是大乘佛學中對迷覺常有之比喻。〔註25〕基本上，所謂「血肉都是重滯」、「人心惟危，果是心屬人身，形跡之易滯」、「夫形體雖顯而其質滯礙，大心雖隱而其用圓通」（《盱壇直詮》上卷，頁 118～119），近溪並不否認在存有論上，相較於此心之圓通，此血肉之軀有「不生」之質性；再者，所謂「危而易滯，所以形跡在前者，滿眼渾是物欲，微而難窺，所以神妙在中者，終身更鮮端倪」，其亦不否認欲之存在對吾人道德實踐所構成之障礙。然依其理氣圓融之存有論表示，此心之迷覺是一，理與欲間，只有生與不生層級之別，並不是一異質之區別。甚至，理欲間是一「同體依即」之關係而不可分割。如此，在價值創造上，欲之爲欲，只是因其執滯不生而妨礙了此虛靈神理（心）之創生活動。原則上，只要透過一工夫之轉化，欲並不需要去除，當下即可爲吾人行道之助力。此即其所謂的觀或默視之工夫。

於此，我們仍是注意到上引文所謂的的「危而易滯，所以形跡在前者，滿

〔註25〕 如《維摩詰所說經》即謂：「無明即是明，當知不離無明而有於明。如冰是水，如水是冰」。

眼渾是物欲，微而難窺」的說法。所謂危而易滯，是指人心所呈現之執著性與陷溺性：對境而迷，迷則陷溺於境而滋生物欲，欲生則難「窺」（觀）此心圓通妙用；反之，依前述心之精神之謂聖，此心之爲心，其本體上之妙用原是「與物俱現」卻又「境識俱泯」的。因此，工夫上並不須如陽明之凸顯法則義之主體性良知，而在理欲之對決下剋除私欲；反之，境、物雖是欲滋生之根源，但此心之本質既是與物俱現又境識俱泯的，則只要工夫上能常保此渾渾淪淪、隨感而應之心而「對境不迷」，欲並不需要去除。此即前文所謂「體仁而不制欲」之道，基本上，這是一種對欲「不執不離」之觀照工夫。〔註26〕

　　在某種意義上，這種對欲不執不離之觀照工夫，正是大乘佛學所言之「般若」工夫。依牟宗三先生的說法，這種般若之工夫境界實可視爲儒釋道三家之共法，並不能對三家之義理系統起決定性之作用，其關鍵則在其存有論之表述型態。再者，如本文第一章所述，牟先生亦指出，對儒家來說，這種般若之境界，實即道德化境之呈現。但如上文所謂的「自然卻是工夫之最先處，而工夫卻是自然之已後處」，對近溪來說，這種般若之自然境界卻是入道之首要工夫。事實上，依近溪兩段式之教法，這種觀照之般若精神，實貫穿於第一義之悟存有工夫，及第二義之道德實踐工夫。當然，如前文所述，這兩種工夫間又有一辯證之關連。但分析地說，前者主要涉及其「破光景」之論，後者則落實於其對慎獨與克己復禮之特殊詮釋中。本文下一章對前一問題將再深論，在此先討論後者。

第三節　慎獨與克己復禮

一、慎獨與默觀

　　問：平日在慎獨上用工，頗爲專篤。然雜念紛擾，終難止息，如何乃可？子曰：學問之功，必須辨別源頭分曉，方有次第。且言如何爲獨？曰：獨者，吾心獨知之地也。又如何爲慎獨？曰：吾心念慮紛擾，或有時而明，或有時而定，或有時而亂。須詳察而嚴治之，

〔註26〕此一對欲不即不離之教法，實可對照於大乘佛學之精神，如華嚴經即謂：「雖觀不靜，而不證離貪法，亦不與貪欲俱。雖修於慈，而不證離瞋法，亦不與瞋垢俱」。有關近溪與大乘佛學華嚴宗理境之比較研究，見本文第五章所述。

則慎也。曰：即子之言，則慎雜而非慎獨也。蓋獨以自知者，心之體也，一而弗二者也。雜，其所知之者，心之照也，二而弗一者也。君子於此因悟得心體在我，至隱至微，莫見莫顯，精神歸一，無須臾之散離，故謂之慎獨也。曰：所謂慎獨者，蓋如治其昏，而後獨可得而明也；治其亂，而後獨可得而定也。若非慎其雜，又安能慎其獨也耶？曰：明之可昏，定之可亂，皆二而非一也。獨知也者，吾心之良知，天之明命而於穆不已也。明固知明，而昏亦知昏，昏明二而其知則一也。定固知定，而亂亦知亂，定亂二而其知則一也。古今聖賢，惓惓切切，只爲這些子費卻精神，珍之重之，存之養之，爲天地立心，爲生民立命，總在此一義致慎也。（《盱壇直詮》上卷，頁116～117）

在這一大段引文中，問者之言，雖於陽明言良知本體體認不甚清楚，卻也顯露出致良知工夫之艱難面。依陽明：「無聲無臭獨知時，此是乾坤萬有基」（詠良知詩）、「蓋不睹不聞，是良知本體；戒慎恐懼，是致良知的工夫」（《傳習錄》，第三二九條），良知作爲私欲之剋星，即落實於對念頭善惡之省察與覺照：戒慎恐懼之誠意工夫，此顯然是一漸進之對治歷程。若欲說：「戒慎恐懼是本體，不睹不聞是工夫」，這種「無工夫相」之慎獨工夫，乃是工夫純熟後之事。事實上，問者之言，乃涉及吾人道德實踐中最深微、艱難的欲念之剋除與良知如何可能呈現之問題。對此，牟宗三先生有一段相當深刻的說法：

人人有此良知，然爲私欲蒙蔽，則雖有或不露。即或隨時可有不自覺的呈露，所謂透露一點端倪，然爲私欲，氣質，以及內外種種主觀感性條件所阻隔，亦不能使其必然有呈露而又可以縮回去。要想自覺地使其必然有呈露，則必須通過逆覺體證而肯認之。若問：即使已通過逆覺體證而肯認之矣，然而私欲氣質及種種主觀感性條件仍阻隔之，而它亦仍不能順遂調暢地貫通下來，則又如何？曰：此亦無繞出去的巧妙辦法。此中本質的關鍵仍在良知本身的力量。良知明覺若眞通過逆覺體證而被肯認，它本身即是私欲氣質等之大剋星，其本身就有一種不容已地要湧現出來的力量。〔註27〕

據此，道德實踐之主要動力固是良知獨體之覺照，但在具體的實踐歷程中，良知之呈現與私欲之克制間，顯然有一複雜之辯證關係，於此，亦見道德實

〔註27〕見牟宗三先生《從陸象山到劉蕺山》，頁230。

踐之艱難面與莊嚴相。觀近溪之言：「君子於此因悟得心體在我，至隱至微，莫見莫顯，精神歸一，無須臾之散離，故謂之慎獨也」，似乎只要「悟」得心體在我，道德實踐便是如此輕鬆自然之事，欲根本不存在般。實則，依近溪，道德實踐固當下即可言自然平常，但弔詭的是，即於此自然平常中，卻有其艱難與莊嚴面，而關鍵仍是欲的問題。

　　首先，若依陽明：「有善有惡意之動」，欲之所以待良知加以對治，是因其其呈顯爲善惡兩判之「意念」始言之，此乃從後天對治之工夫。事實上，若借用佛教所言「起煩惱」與「住地煩惱」之區分，〔註28〕則「意根」未動而善惡尚未兩分之時，實亦有相當於王龍溪所謂的「從先天立根之工夫」可說。〔註29〕然則，此一工夫是否一定要如王龍溪之從主體性的良知一點靈明上立根呢？這裡，我們注意到近溪對「戒」的說法：

> 戒之爲言，最爲入道之首，而進德之先。其所持守，雖至道明德立亦不可緩。如曰：惡人齋戒，可祀上帝。是則學之始必戒也。況其功效捷於影響，如中庸論君子戒慎恐懼皆功也，而戒則先言之。論君子中和位育皆效也，而節則先言之。未有其初不戒而發時能節，亦未有戒之既慎而節之不中者也。堯之兢兢，舜之業業，無非此戒。而欽明充塞，純亦不已，則即戒之到極處也。嗚呼！暗室屋漏，上帝照臨，不自戒嚴，神且陰殛。縱不爲善謀，將不爲禍恐也？一息尚存，戒之哉！戒之哉！其毋忽也已。（《明道錄》卷六，頁 6）

首先，戒是貫穿於無人道德實踐因地至果地之根本工夫：「是則學之始必戒

〔註28〕如《勝鬘夫人經》即言：「煩惱有二種，何等爲二？謂住地煩惱及起煩惱。住地煩惱有四種，何等爲四？謂見一處住地，欲愛住地，色愛住地，有愛住地。此四種住地，生一切起煩惱，起者刹那心刹那相應」。略言之，起煩惱乃有煩惱相者，正如意之動而有不正乃爲欲；住地煩惱相當於「意根」，由意所起之活動如知見、食色、愛等本身，並非必然構成煩惱，然意稍有不正，即隨之起欲而現一煩惱相，故爲煩惱之來源。相關詮釋，參見謝大寧先生「勝鬘經講記」（三），頁 55～58，《香光莊嚴》季刊，民國 85 年 12 月出版。

〔註29〕如王龍溪所謂的：「吾人一切世情嗜慾，皆從意生，心本至善，動於意，始有不善，若能在先天心體上立根，則意所動，自無不善，一切世情嗜慾，自無所容，致知工夫，自然易簡省力，所謂後天而奉天時也。若在後天動意上立根，未免有世情嗜慾之雜，纏落牽纏，便費斬截。致知工夫，轉覺繁難，欲復先天心體，便有許多費力處。顏子有不善未嘗不知，知之未嘗復行，便是先天易簡之學，原憲克伐怨慾不行，便是後天繁難之學，不可不辨也」。見《王龍溪全集》，卷一，三山麗澤錄，頁 110，華文書局：民國 59 年。

也」、「雖至道明德立亦不可緩」。其次，戒是道德實踐功效之必要且充分條件：未有其初不戒而發時能節，亦未有戒之既慎而節之不中者也。再者，戒是意念未發前之持守工夫，如此，戒之爲戒，實無對象之可對治，而只是身心整體，面對天命時之自我提斯與警覺：不愧暗室、屋漏之慎獨工夫。更進一步說，這種慎獨工夫，並非如陽明之只基於良知自體上之戒慎恐懼或不睹不聞工夫，而是在「與天打對同」意義下，對天命之領受與提斯：

> 此道根諸命，顯諸性，譜諸教，則天與無人更無一息之可離，而吾人於天又可一息之不畏也哉？但可惜百姓卻日用而不知。故其庸常之能原雖孩提皆良，後來卻無所收束，則日逐散誕，加以見物而遷，可好而喜樂，輒至過甚；可惡而哀樂輒至過甚，貪瞋橫肆，將由惡終矣。惟是君子顧諟天之明命，性靜時惺惺然，性動時惶惶然。恐懼於潛隱，而常若昊天之現前；於微暗而常若上帝之臨照。慎獨既無須臾之或間，則道體自能恆久而不遷率。其簡易以爲知，而日夕安常處順；率其簡易之能以爲能，而隨處有親有功。既無作好，亦無作惡，則性善之中，任其優游。造化之內，亦從其出入矣。此則天然自有之定體，而聖賢不二之定守也。（《盱壇直詮》上卷，頁 78～79）

> 汝既曉得無時無處不是天命之所所在，即生死禍福之所在，不知悚然生些懼怕，卻更侈然謂可順適，則天命一言反作汝之狂藥矣。曰：弟子聞言，不覺渾身侷促不能自安。曰：即此便是戒慎恐懼而上君子之路矣。……前此諸大儒先，其論主敬工夫，極其嚴密，而性體平常處，未先提撮，似中而欠庸，故學之往往至於拘迫；近時同志先達，其論良知學脈果爲的確，而敬畏天命處未加緊切，似庸而欠中，故學者往往無所持循。某至不肖，幸父師教詔，每責令理會經書，一字一句不輕放過，故遵奉久久，不覺於孔孟心源稍有契悟。（《明道論》，卷五，頁 16）

如前文所述，陽明是將天道、性、命收攝於超越性的主體性良知（心），則落於具體的道德實踐中，對天命之莊嚴確易有忽略之弊。故近溪批評近時先達（陽明）論良知學脈果爲的確，但「敬畏天命處未加緊切」。反之，近溪則肯認天（乾知）本身亦有明覺義，而將天道、心、性、命平鋪爲百姓日用之性。如此，一方面，此道在道德實踐上固是簡易直截，雖愚夫愚婦亦能知，當下即可言自然平常；但另一方面，由於知天命似如此之易，則小人之易流於貪

瞋橫肆而自認知天命，無怪乎近溪要如此斥責弟子之輕易言知天命之快暢順
適。〔註30〕蓋「此個性善平鋪於滿堂」，則天命之監臨亦無時不在。所謂「恐
懼於潛隱，而常若昊天之現前；於微暗而常若上帝之臨照」，吾人敬畏天命之
工夫亦當更加警切而無時或間了。

　　更進一步說，順其天之知與人之知之區分：「愼獨之功，原起自人；而獨
之知，原命自天」（《明道論》，卷四，頁 14），吾人敬畏天命或愼獨工夫之能
不間斷，乃源於作爲吾人工夫主腦，並非待呈現於吾心之自覺義之知，而是
一種超自覺義之「獨之知」，此實即天命本身。〔註31〕蓋天命既無時不在，若
眞能「知」得時，敬畏工夫自亦不間斷。反之，自覺義之知，乃因「愼」之
工夫而生，則其知時有生滅間斷，工夫亦難以持續。依其兩路並歸一路而以
天之知作主之思路：「獨便是爲愼之頭腦，愼亦便以獨作主張」（同上），則以
「獨」（天心）作主，「意」亦不待克制了：

　　　（問者）曰：獨者無過是知。既知則是非善惡自然分判明白，念頭
　　　又豈容混？曰：此亦不是混蓋天地以生爲德。吾人以生爲心，其善
　　　善明白該長，惡惡明白該短。其培養元和以完化育，明白該恩愛過
　　　於嚴刻，而慈祥過於峻厲也。況嫌隙之易開，即骨肉所不免……今
　　　汝欲獨處思愼，則請先自查考，從朝自暮，從昏達旦，胸次念頭果
　　　是好善之意多？果是惡惡之意多？亦果是好善惡惡之意般多？若般
　　　多，只扯得平過；萬一惡多於好，則惱怒塡胸，將近於惡人；若果
　　　能好多於惡，則生意滿腔，方叫得做好人矣。獨能如此而知，自此
　　　而愼，則人將不自此而成也耶？（《明道論》，卷四，頁 5～6）

要之，對強調「以心當事」而勿「以主意當事」的近溪來說，陽明式以良知
獨體嚴察有善有惡之「意」而「爲善去惡」（知是知非）之愼獨工夫，亦不見
了；反之，其強調的是一種「閑邪存其誠」之從先天立根之「合本體之工夫」。

〔註30〕這一點，黃淑齡於其《明代心學光景論研究》一文中，亦曾強調過，見該文頁
　　　72～73。國立台灣大學中文研究所碩士論文，民國 84 年 6 月。然黃文同時指
　　　出，即使近溪強調對天命之敬畏，但其所謂的天命本身既只是一生生之理而非
　　　如陽明之具道德規範義，則學者亦將無所持循。然則，黃文顯然忽略了近溪之
　　　將天命聯繫於禮與時而言之，而禮與時即具規範意涵。詳見下文之討論。
〔註31〕近溪曰：「獨是靈明之知，而此心之本體也。此心徹首徹尾，徹內徹外更無他
　　　有，只一靈知，故謂之獨也。中庸形容其謂其至隱而至見，至微而至顯，即
　　　天之明命而日監在之者也。愼則敬畏周旋而常目在之，而顧諟天之明命者也」
　　　（《明道錄》卷四，頁 14）。

若然，則總是「好善之意多」而「惡惡之意少」，而意無不善，自無欲之存在問題，自亦不待克制了。顯然，這是第一義之本體工夫。然則，現實上，人畢竟有陽明所謂的「順軀殼起念」之事，即意亦有不善之時，則是否須「知是知非」而「爲善去惡」呢？若然，那又是哪種意義下之爲善去惡呢：

> 一友自述其平日用工……於是一切醒轉，卻不去此等去處計較尋覓，卻得本心渾淪，只不行分別，便自無間斷。……或詰之曰：汝謂此心渾淪常時無間斷，其於本體誠然。但不知學問工夫卻在哪處？旁一友從而質曰：兄試說他此心常無間斷，果「是」果「不是」？曰：如此渾淪，豈有不是之理。如此渾淪了，又豈有不算學問之理？詰者曰：然則善都不消爲，而惡亦不必去耶？旁友不能答。先生乃代之言曰：亦只患的渾淪不到底爾？蓋渾淪順適處即名爲善，而違礙處便名不善也。故只渾淪到底即便不善化而爲善也，非爲善去惡之學如何？眾皆有省。（《明道錄》）

這裡問題的焦點在於所謂的「爲善去惡」之詮釋問題。依陽明，若謂此心渾淪常時無間斷，那是從良知本體上說，然落實於工夫上，終究要依主體良知而對已發意念之善惡作一道德是非之判斷而有一對治相。然依近溪，所謂「蓋渾淪順適處即名爲善」等之說法，顯然也不是就工夫而無工夫相之道德化境意義上說，而是蘊涵一與陽明截然不同之工夫進路，這與上文所述觀照之工夫有密切之關連。

依前所述，理欲之分只在生與不生之別，則只要對此生生不已而境識俱泯之心體證得眞，則其自能渾淪順遂不已，自無所謂欲的問題存在；反之，「違礙處便名不善也」，欲之存在只就此心之執境不離而妨礙其虛靈之用而言。因此，工夫所在，亦只在善觀或默識此心，而使其常保與物渾淪順遂之境。蓋觀之爲觀，原亦只是一對境「不執不離」之渾淪境界，故謂「只渾淪到底即便不善化而爲善也，非爲善去惡之學如何？」。

如此，近溪並不須強調一種「銷欲」之工夫。在第一義上，若上述之戒愼恐懼與敬畏天命工夫能不間斷，自無所謂欲之問題。在第二義上，吾人只須隨欲之呈現而如實地觀照之而不待去除。蓋欲之出現固妨礙此心渾淪之用，但另一方面理、欲又只是一體之兩面，欲之所在亦只是此理之暫隱而不顯。因此，若能對欲之起伏出沒作一如實之觀照，體認默視欲之所在即理之所在，理欲「同體依即」於此生生本本而不相離，知得「吾人此個形色即是

天性」，百姓日用即是道，則在此觀照、默視中，欲當下即可反轉爲生生不已之用而不待去除；理欲既不對治，則此心依然常保其渾淪大用而對境不執不離，吾人當下自亦可言樂。

進一步，這裡所強調的是一種「放下」的精神：「於是一切醒轉，卻不去此等去處計較尋覓，卻得本心渾淪，只不行分別，便自無間斷」。所謂的放下，並非不作工夫，而是放下吾人對道德是非當下之判斷，轉而吾人只須常保此渾淪順遂之心，而如實地對境起觀：觀此生生不已而與萬物爲一體之心。所謂：

> 若肯一切都肯放下，坦坦蕩蕩，更無戚戚之懷也，無憧憧之擾也，此卻都是從虛上用功了。世豈有其體虛而其用不靈者哉？（《盱壇直詮》上卷，頁88）

所謂「從虛上用功」，正是專以此虛靈不已之心而對境不執不離。若然，則：「譬如坐在此大廳中，則凡門戶磚瓦皆是此廳。及行動轉旋莫非我廳矣。眞是坦蕩蕩悠然順遂也」（《明道論》，卷六，頁18）。〔註32〕蓋此心本遍現萬物而通物我，則只要體之信之而對境不執，此心當下即是渾淪與物爲一的，吾人當下任一視聽言動亦莫非此體之全體顯現。反之，即是所謂的：「此欲求停當豈不是個善念，但善則便落一邊。既有一段善，便有一段不善。既有一段不善，如何能得晝夜相通？如何能得萬物一體？」（《明道錄》卷八，頁20），若體之信之不眞，而汲汲於以意爲心，或徒執著於道德上是非之「計較尋覓」，則善、惡總是一種執持，反徒生擾擾。

要之，就放下而言，近溪強調的是放下對道德是非判斷之執持，轉而對此萬物一體生機之時時默視或體認，以常保此心之渾淪大用而當下言樂；就愼獨而言，近溪強調的是一種超自覺義的（天之知）戒愼恐懼、敬畏天命，及自覺義（反觀而生之人之知）之觀照工夫。如此，一方面解除陽明主體性良知學中，理欲長期對治之緊張性，另一方面則避免了其所可能衍生怠忽超越義的天命之弊病，而形成一敬畏與灑落「當下言之」之工夫境界。其所謂「寧靜正與戒懼相合」（《盱壇直詮》下卷，頁124），「工夫緊要，只論目前」（《盱壇直詮》下卷，頁114）等說法，即是此意。基本上，這仍是一「合本體之工夫」境界：「蓋說作工夫是指道體之精祥處，說做道體是指工夫之貫徹處」（《盱壇直詮》下卷，頁156）。

〔註32〕此一理境，實與華嚴宗所盛言之「一即一切，一切即一」理事圓融境界有異曲同工之妙。

　　然則，更具體地說，落於真實的道德實踐，此一合本體之工夫又當從何下手呢？蓋所謂的常保此心對境不執不離之渾淪境界，基本上只是一種與天地諧和一體之美學境界。再者，其所謂的天命，亦只是一生生不息之超越義本體，而非如陽明良知當下知是知非之道德規範義。那近溪又如何將其其對天命之敬畏，導向一規範義之道德意涵呢？畢竟，若無規範（不論哪一意義之規範），則亦無以言道德實踐。這裡，近溪訴諸於對「禮」之強調。

二、克己復禮

　　依近溪，如前文所述，其所謂的「百姓日用是道」，事實上是以聖人境界之顯現為表述之根據，其教法亦以聖人修道成全後之言說為依據，順此思路，則聖王之禮樂制度會在其教法中佔重要地位，亦當是可理解之事。事實上，在以主體性良知為工夫主宰之陽明心學中，嚴格講，禮樂之存在意義乃依附於良知而來，並未取得一客觀意義。甚至，所謂的「心之所非，雖孔子之言亦不敢以為是」，在道德實踐中，並不須以聖人之禮樂教法為唯一之標準。〔註33〕畢竟，禮作為道德實踐之規範，若指謂現實意義上之禮樂制度，除非其經歷吾心良知之批判性省察，否則並無實踐上規範之必然性。再者，即使是聖王所制定之禮樂制度，亦有其時代限制而必須面對因革損益問題。然在處處以法聖為主軸之近溪心學中，要如何「繞過」上述批批問題，而直接肯認聖王禮樂制度作為吾人道德實踐之規範根據呢？

> 故復以自知，而天之根即禮之源也。所謂乾知大始統天時出者乎？黃中通理，暢達四肢而禮之出，即天之運也。所謂乾道變化，各正性命者乎？顏氏博文約禮，感夫子之循循善誘，是則三百三千而著之經曲之常者也。……（《明道論》，卷五，頁11）

所謂「天之根即禮之源」，正賦予禮一形上根據，亦即，視聖人所制定之禮樂名物為天道之顯示，是「天之運」；正如「乾道變化，各正性命」，理亦散殊

〔註33〕依陽明：「『禮』字即是『理』字……約禮只是要此心純是一個天理。」（《傳習錄》，徐愛錄第九條）

「謂聖人生知者，專指義理而言，而不以禮樂名物之類，則是禮樂名物之類，無關於作聖之功矣」（《傳習錄》，答顧東橋書，第一四一條）

「蓋四書五經，不過說這心體」（《傳習錄》，陸澄錄，第三十一條）

皆足以見以致良知為工夫主軸之陽明心學，其主體自覺意識是相當明顯的，聖人之禮法顯然未佔重要成份。

而為三千三百之禮儀、威儀常道，故謂「禮曰天理之節文」(《明道論》，卷四，頁 13)。因此，工夫所致，亦在「復性」或即「復禮」：

> 易曰：中行獨復。又曰：復以自知。獨與自即己也；中行而知即禮
> 也。唯獨而自，則聚天地民物之精神而歸之一身矣。己安得不復耶？
> 惟中而知，則散一己之精神而通之天地民物矣，復安得而不禮夫？
> 故觀一日天下歸仁，則可見禮自復而充周也。觀為人由己而不由人，
> 則可見復必由己而健行也。是則孟子所謂萬物皆備於我，反身而誠，
> 樂莫大焉。(《明道論》，卷二，頁 12)

現實上，吾人心體常處於失其正位之時，於此復乃成為必要之工夫。然依近溪，所謂「中行獨復」、「復以自知」，復之為復，亦只是吾人此一「靈明獨知」之心體自復其萬物一體之本然狀態，即所謂的「復者，陽而明者也。黃中通理，正位居體，是身之陽所自明也」(《明道論》，卷四，頁 13)，此即天之根而禮之源；能復而順此中行之道知、行，即所謂的「暢於四肢，發於事業，是陽之明所必至也」，〔註34〕此即禮之行。所謂「復是一個而可兩分，雖可兩分而實則總是一個善耳」(《盱壇直詮》上卷，頁 55)，復乃就禮而言，「復禮」，正是由此禮之源至禮之行的「直通」歷程，故謂「觀一日天下歸仁，則可見禮自復而充周也」。

對此復性或復禮之工夫歷程，在陽明心學中，若依牟宗三先生之詮釋，仍然是「致良知」，是一「步步自覺」之工夫歷程：

> 在正視內心之明而步步彰顯中，即步步射出罪惡的具體意義。步步
> 照射之，即步步予以消化之。內心之明是「性海」，在步步彰顯中，
> 即是「自覺地求實現」之過程，同時亦即是「從根上徹底消化罪惡」
> 之過程。此之謂內聖之工夫，生命清澈之工夫。〔註35〕

誠然，在以「為善去惡是格物」工夫主軸之陽明心學中，謂其所謂的復性，乃以吾心良知之明超越地照顯出因氣質之病而衍生罪惡意識而予以消除之，是正中肯綮的。然在強調全體放下而放棄是非善惡對治之近溪心學中，此一

〔註34〕近溪曰：「復者，陽而明者也。黃中通理，正位居體，是身之陽所自明也。暢於四肢，發於事業，是陽之明所必至也。故禮曰天理之節文，而又曰：禮，時為大。順次之，夫復則天，天則時，時則順而理，順而理則動容周旋，四體不言而默中帝則，節而自成乎文矣。夫安得不動之而為禮也耶？是以孔孟立教每以仁禮並言，蓋仁以根禮，禮以顯仁，則自視聽言動之間而充之，仕止久速之際，自將無可不可而為聖之時者也已。」(《明道論》，卷四，頁 13)。
〔註35〕見牟宗三先生《中國哲學之特質》，第十講，頁 74，學生書局：民國 71 年 5 月六版。

罪惡意識與良知之對治關係毋寧是被忽視的。這尤其表現在其對「克己復禮」之特殊詮釋中：

> 象山解克己復禮作能以身復乎禮，似得孔子當時口氣。……克字正解，只作勝、作能，未嘗作去。今細玩易謂中行獨復，復以自知，渾然是己之能與勝處，難說論語所言不與易經相通也。曰：顏子請問其目，而孔子歷指四個非禮，非禮不是私如何？曰：此條卻是象山所謂能以身復乎禮者也。蓋視聽言動皆身也，視孰爲視？聽孰爲聽？言動孰爲言動？皆禮也。視以禮視，聽以禮聽，非禮則勿視聽；言以禮言，動以禮動，非禮則勿言動，是則渾身而復乎禮矣。此即非禮以見復禮，即如恕之以不欲勿施而見所欲與施也，皆反言以見正意。（《明道論》，卷二，頁 12～13）

當然，這裡所謂「即非禮以見復禮」，是否能直接類比於「即如恕之以不欲勿施而見所欲與施也」，在倫理學上卻是值得商榷的。〔註36〕然就文獻詮釋立場而言，解克己復禮爲「能己」復禮，亦非無據；〔註37〕而此一詮釋方式，正凸顯出近溪工夫論之特殊性格，及其與陽明工夫進路之歧異處。所謂的「能己復禮」之說法，其義理根據仍在其所謂的「並歸一路」之工夫進路：

> 此處既信不透，決不能得黃中通理。黃中所通者，即一陽眞氣從地中復。所謂克己復禮者也，中通而理者，即陽光而明，所謂復以自知，而文理密察以視聽言動而有禮者也。

所謂「黃中所通者，即一陽眞氣從地中復」，係指透過信與悟而有之超自覺義之「天之知」工夫，若然，則渾身陽光而明，中通而理，自不待去己私而言能己，是「爲仁由己」之直道工夫。就自覺義的人之知言，則是所謂「文理密察」之工夫。透過信而好古，博通文史，考校禮法等之法聖工夫，由復禮以言仁。蓋所謂「善是成熟得自人爲處多，而良是根源出自天然處多」，赤子之不慮不學固吾人天生本具之良知良能，是道德實踐之根本動力，然其由良

〔註36〕亦即，從倫理學思考上說，我們顯然不能由「己所不欲，勿施於人」，而推出「己之所欲，施之於人」。蓋這裡所謂的欲，乃是一感性欲求，在倫理學上，這只能是一「消極或禁制原則」：「己所不欲，勿施於人」；與所謂的「己欲立而立人，己欲達而達人」，之由萬物一體之仁心以推己及人，乃不同層次之概念。

〔註37〕有關歷來對「克己復禮」之詮釋，可參見黃俊傑先生《中國古代思維方式》（國科會專題研究報告）一文，頁 48～51，國科會：民國 81 年 9 月出版。

而善，則有賴禮之栽培琢磨。〔註 38〕

　　然則，問題是，禮作爲吾人道德實踐之根據，若非由本心自立之規範性法則，至少亦須可作爲吾人行止進退之依據。依近溪，復禮即復性，而性亦只是一生生之理，則其仍須面對道德規範根據從何而立之問題。這裡，近溪由禮與時之關係來解決這問題：

> 問：易爲聖之時也，果爲有據矣！不知如何將此時習以此立教也？
>
> 子曰：乾行之健，即時也。自強不息即習諸己而訓諸人也。初九以至上九即時也。潛而弗用以至亢而有悔即習諸己而訓諸人也。推之六十四卦三百八十四爻皆時也，皆所謂天之則也，亦皆習諸己而訓諸人，奉天則以周旋，而時止時行時動時靜也。推之即中庸所謂喜怒哀樂中節之節，亦即大學致知格物之格也。又推之禮樂之損益，春秋之褒貶，詩書之性情政事，更無出於時字之外者矣。（《盱壇直詮》上卷，頁 37～38）

依近溪之哲學體系，「悟存有以言道德實踐」之所以可能之根據，乃在聖人之默識或體證天道而「立教」，而其關鍵則在「時」之觀念，其原初性之展示則在古聖所立之「乾」卦。所謂「乾行之健，即時也」，即聖人視此生生不已之天道，其運行自有一天然之法則，此即「時」，亦即禮之源。推而廣之，其既視整部易經之卦爻，乃至所有儒家原始經典既皆爲聖人體道而立教之作品：皆習諸己而訓諸人，則謂其「更無出於時字之外者矣」，皆是天之則，似亦無不可。所謂「奉天則以周旋，而時止時行時動時靜」、「君子動靜不失其時，其道光明而隨時變易以從道」、「當其可之謂時」（《明道論》，卷二，頁 11）等說法，即以「時」作爲吾人行爲上進退止速合宜之規範，即道德應然判斷上可與不可之根據，此即是禮：「禮日天理之節文」、「禮，時爲大」（《明道論》，卷四，頁 13）。蓋「蓋仁以根禮，禮以顯仁，則自視聽言動之間而充之，仕止久速之際，自將無可不可而爲聖之時者也已。」（《明道論》，卷四，頁 13），禮之爲禮，亦正是提供吾人行爲進退止速（時）之規範。若然，則透過聖人之「因道立教，因時顯義」，此存有義上生生不已之天道即轉化爲經典而爲吾人立身處世之規範：禮義之道。聖人渾身是禮之顯示，吾人則透過「復禮」之工夫：「復則天，天則時」（《明道論》，卷四，頁 13），自亦可動容周旋，四

〔註 38〕近溪曰：「務使五倫之綱常、百行之酬應，皆歸純粹之中而無偏駁之累，則良不徒良，而可以言善；善不徒善，而可以言至矣」（《盱壇直詮》上卷）。

體不言而默中帝則了。〔註39〕

　　事實上，正如其所謂的「仁禮兩端要皆本諸天心一脈」（《明道論》，卷五，頁11），將禮之存在意義提高至天道生化之存有論系統。一方面，所謂的「其則古稱先者，稍知崇尚聖經，然於根源所自，茫昧弗辨」（同上引文），試圖爲現實上可能流於僵固不化之禮法制度注入新鮮之活力；另一方面，所謂的「其直信良心者，稍知道本自然，然於聖賢成法，忽略弗講」（同上引文），則透過對陽明學派所生流弊之批判，從而奠定其法聖崇禮之思想根據。蓋依近溪，其既將超越的天道性命平鋪爲百姓日用之道，道只由人情之常中見。則禮之爲禮，消極來說，乃如上所強調之規範意義，以調節個體自然生命之欲，使此自然生命之理得以轉化爲價值意義之世界，進而促成人倫間互動感通，以達致價值意義上萬物一體之終極理想；積極來說，對禮儀形式之尊崇，實乃近溪強調的敬畏之心之具體呈現：敬祖先，敬聖賢，敬天命等，要皆在禮法之中得其完整之表現。〔註40〕然則，對於現實上之禮樂制度，近溪則採取一幾近保守之「崇禮復古」思想：

> 問：顏子克己復禮，今解作復卦之復，則禮從中出，其節文皆天機妙用，所謂神無方而易無體者也。乃禮儀三百、威儀三千，聖人定之以禮經，傳之今古，又若一成不變者何也？曰：子不觀之制曆者乎？……初不謂天道之神化而節序即不可以預期也。此無他，蓋聖人於上古曆元，鈎深致遠有以洞見其根柢而悉達其幾微。故於其運行躔度，可以千載而必之今日，亦可以此時而俟之百世。此其盡性至命之妙，而實修道立教之準也。（《明道論》，卷五，頁10～11）

姑不論這種復古崇禮思想，在現實上實踐之可能性如何，但卻是近溪法聖立教下必然之產物，此也將近溪推上保守思想之高峰。〔註41〕至於此極端法聖崇禮思想，又如何具體實落於吾人之道道德實踐呢？近溪則指向儒者人倫之大道：孝弟慈。

〔註39〕 此即所謂的「安頓百歲之精神於頃刻，而懼呼告報、吸定八方之命脈於毫末」（《明道論》，卷四，頁9）之根本精神，而其要則在「復與時」。

〔註40〕 這裡，有關敬畏、崇禮與倫理實踐之關聯，參見唐君毅先生《生命存在與心靈世界》（下），頁109～110

〔註41〕 如龔鵬程先生即切要地指出，近溪實表現爲一「述聖崇禮」之學。見其「羅近溪與晚明王學之發展」一文，《國立中正大學學報》，第五卷，第一期，民國83年10月出版。有關對龔文之進一步評論，請參見本文第五章第二節。

第四節　倫理之實落——孝弟慈

誠如本文第二章所述，近溪於陽明之單提「良知」一詞以爲道德實踐之主要根據，即曾質疑其有不實落於孝弟慈等倫理範疇之可能，這雖可能只是一誤解，卻可看出近溪哲學之根本方向：

> 蓋天下最大的道理，只是仁義；殊不知仁義是個虛名，而孝弟乃是其名之實也……仁義是替孝弟安個名而已。三代以後，名盛實衰，學者往往慕仁義之美而忘其根源所在。(《明道論》，卷七，頁 14～15)

正如陽明將仁義禮智之理收攝於超越的良知本心，近溪則將將仁義之道實落於孝弟慈之倫理實踐中。然則，何以在近溪之哲學系統中，對孝弟會如此重視呢？

依陽明：「以此純乎天理之心，發之事父便是孝，發之事君便是忠，發之交友治民便是信與仁。只在此心去人欲存天理上用功便是」(《傳習錄》，徐愛錄，第三條)，吾人孝弟慈等倫理行爲之踐履本依「超越性」的良知自發之法則而來，故「只在此心去人欲存天理上用功」，則此心自能超越物欲之羈絆而事父從君。然依近溪，從理論上說，此心之源初義本非主體性之道德心，而只是一存有義上與萬物爲一體之生生之理，依其「悟後起修」之實踐進路，如何在悟存有（知性爲先）時，能確保其必落於道德實踐（盡性爲後），當是其哲學無可逃避之重要課題。而孝弟慈正是人倫實踐之大端，近溪之格外措意於此，當是可以理解的。

其次，此心既只是存有義上之生生之理，則其本不離於自然生命之性。而此心之能超越其自然生命屬性而有一精神性之展示，惟在具體的倫理實踐中見得，而其最根源之表現則在「孝弟」。〔註42〕再者，所謂：「若泛然只講個德字而不本之孝弟慈，則恐於民身不切，而所以感之，所以從之，亦皆漫言而無當矣」(《明道論》，卷八，頁 7)。蓋近溪承繼泰州學派王心齋之學脈，

〔註42〕對於這點，唐君毅先生有一段話頗能闡釋此義，且符合近溪學之根本精神：「此人之有孝，乃是人之有子孫之生殖，以成其自然生命之流行後，子孫之生命心靈之再溯流而上，以成此自然生命之前後代間之感通。故人之生命中之孝弟之心，乃人生命中之心靈，自超越其已有之自然生命，以反本上達，至於其生命之原之心。此心即初見於赤子之愛親敬長之情之中，而於此赤子之愛欽敬長之情中，即見有人之心靈生命，有一能自超越之天性。故孝可爲人之自然生命之生進爲一具百行萬德之精神生命之始，而爲儒者所特重也」，見《生命存在與心靈境界》下冊，頁 181。

在百姓日用是道之思想前提下，如何將將原本深奧之儒學義理普及化爲人人可行之道乃其哲學之主要使命。孝弟慈正是人情之最平常處：「今看人從母胎中來，百無一有，止曉得愛個母親，過幾時，止曉得愛個哥子。聖賢即此個事親的心，叫他做仁，即此個從兄的心，叫他做義」（《明道論》，卷七，頁 14～15），近溪正是從此人情之平易處指點百姓倫理實踐之根本方向，其崇禮復古之思想，亦由此而實落：

> 問：仲尼祖述堯舜一章。曰：堯舜之道，孝弟而已矣。則祖述者，即祖述其孝弟之道也。……夫惟好生爲天命之性，故太和絪縕凝結此身，其始之生也，以孝弟慈而生，是以其終之成也，必以孝弟慈而成也。人徒見聖人之成處，其知則不思而得其行則不勉而中，而不知皆從孝弟慈之不慮而知，不學而能中來也。此個道理，果是愚夫愚婦，鳶飛魚躍，皆可知與能，而聖人天地有所不能盡也。（《明道論》，卷七，頁 13～14）

依論語：「孝弟也者，其爲仁之本歟？」，孝弟作爲吾人道德實踐（行仁）之根本或起點，本是儒者共許之道。蓋孝弟之實踐，實乃儒者本心仁體呈露之具體實落處，亦最能具體展示儒者道德實踐之根本方向。但這裡，近溪依其「以內聖爲外王，以精神心術爲倡率導化」（《明道論》，卷八，頁 6）之「一以貫之」之道，將道德倫理實踐之終始原則完全統攝於「孝弟慈」三字。蓋堯舜孔子之道既只是孝弟而已，依前文所述法聖崇禮之思路，則吾人所作所爲亦當不離孝弟（慈）。〔註43〕甚至，所謂孔子七十「從心所欲不踰矩，是絜矩孝弟而不踰也」，孟子「聖不可知之神是孝弟之手舞足蹈而不可自知也」（《明道論》，卷七，頁 15），孔孟之道德化境亦不離孝弟慈三字。順此思路，所謂的明明德於天下，學與仕（爲政）而達價值意義上萬物一體之境，亦只是孝弟慈三字之延伸：

> 大學誠意正心修身是所謂學，而齊家治國平天下是所謂仕。中間貫穿一句，只說明明德於天下，至其實質作用，則只是個孝者所以事君，弟者所以事長，慈者所以使眾。上老老而民興孝，上長長而民興弟，上恤孤而民不悖。細說似有兩件，貫通實爲一件。（《明道論》，

〔註43〕當然，在倫理實踐上，孝弟慈三字是否足以涵括仁之全部意涵，本是有待商榷的。即如引文《中庸》本章，若謂仲尼於堯舜、文武之所祖述、憲章者是孝弟慈之道，或可勉強言之；但若謂本章末文讚頌孔子盛德：「萬物並育而不相害，道並行而不相悖，小德川流，大德敦化，此天地之所以爲大也」等終成之言，是否「必以孝弟慈而成」，亦不無疑義。

　　卷八，頁 1～2）

分析地說，所謂誠意正心修身乃內聖之學，齊家治國平天下則屬外王事業，儒者之道德實踐乃統括內聖外王兩面而言。當然，若說孔子「老安少懷友信」之外王理想，是孝弟慈三德作爲道德實踐充其極之「全體朗現」，或可言之；然若謂其實踐歷程亦「只是孝者所以事君，弟者所以事長，慈者所以使眾」，以此三德「內聖直通外王」而謂「學仕一體」，以現代眼光觀之，則是有待商榷的。〔註44〕無論如何，這裡卻可看出近溪哲學之特殊旨趣與風格：

> 天機人事原不可二。固未有天機而無人事，亦未有人事而非天機，……堯舜之道孝弟而已……遍可遠在茲也，則廓之而可橫乎四海；暫可久在茲也，則垂之萬世而無朝夕，此便是大人不失赤子之心之實理實事也。後世不察，乃謂孝之與弟，止舉聖道中之淺近爲言。噫！天下之理豈有妙於不思而得者乎？孝弟之不慮而知，即所謂不思而得者也；天下之行豈有神於不勉而中者乎？孝弟之不學而能，即所謂不勉而中也。（《明道論》，卷七，頁 22～23）

如前文所述，正如陽明將天道、性、命與孟子之仁義禮智收攝爲知是知非之主體性良知，以顯其爲善去惡之工夫勁道；近溪則將「禮」勾聯於天命之性，使之具備本體論之意涵，以替代陽明超越的主體性良知之實踐功能；而禮之具體實踐則又實落爲百姓易知能行之孝弟慈。孝弟慈雖屬人事卻本於天機，而「天機人事原不可二」，更具體地說，在近溪哲學體系中，孝弟慈之實踐本身當下即具本體論之意義。若然，孝弟慈當然不只是因地入道之首功（聖道中之淺近爲言），且是爲道神妙之極果。依其「根稍分得兩頭，果子貫通一脈」（《明道論》，卷八，頁 16）（因地即徹果海），一以貫之之道，所謂的赤子之不慮而知、不學而能，與聖人之不思而得、不勉而中，「當下」即於孝弟慈之實踐中全體朗現。如此，乃形成一種特殊論學風格。就工夫之實落而言，如何由此極高明之悟存有境界，當下轉爲道中庸之孝弟慈倫理實踐，則有賴另一工夫勁道：「破光景」，以完成之。而如何在理論上恰當地理解近溪之「光景論」，則是欲窺近溪哲學整體風貌之關鍵。蓋學者對其論學旨趣與哲學理境之理解之所以人見人殊，主要乃肇因於此。因此，本文下一章將先析論近溪光景論之哲學意涵，並透過當代學者對其論學旨趣之討論與批判，點出其學說之根本意旨，進而抉發其哲學之特殊理境。

〔註44〕有關這問題，本文結論部份將再加以評論。

第五章　羅近溪之「光景論」與其哲學之理境

第一節　近溪「破光景論」之哲學意涵

一、明代心學中「光景論」之意義

　　就字義而言，「光景」者，光和影子之謂。此光和影子非真實本體，卻又依附於本體而生，是吾人於體證本體中最容易產生之虛妄之物，亦足以令人信假為真者。〔註1〕關於近溪哲學與「破光景」之關係，當代學者中以牟宗三先生首先注意道這問題之哲學意義。

　　依牟先生，陽明哲學之主要精神乃依超越分解之方式，以反顯一超越的良知本體；近溪哲學之主要意義乃順陽明分解之理路，將良知本體具體地體現於日用之中，使吾人之道德實踐歸於渾淪順遂，此原須一艱苦之破光景工夫以支持之。故破除光景主要之意義乃在「使知體天明亦即天常能具體而真實地流行於日用之間」，亦即使原本在超越分解中所證悟而尚處於「抽象狀態」中的本體，能具體表現或渾淪順遂地流行於日用之中。而近溪哲學正好承當此歷史之必然，其學亦以此為勝場。〔註2〕

〔註1〕黃淑齡則將心學中之光景一詞聯繫於禪宗，謂其乃「描述悟境中所呈現之美妙景象的形容詞」。黃文亦指出，在心學中，舉凡以「影響」、「風光」等辭彙出現，或廣義的如「閃電光」、「光爍爍」、「明炯炯」等超越式的象徵語彙，皆可視為光景之涵義。見所著《明代心學中「光景論」的發展研究》，頁2。台大中文研究所碩士論文：民國84年6月。

〔註2〕牟先生說：「順王學下來者，問題只剩一光景之問題：如何破除光景而使知體

　　然則，誠如前文一再提及的，近溪之本體論與工夫進路既與陽明有異，則牟先生依陽明學思路所詮釋的破光景之意義，能否適用於近溪之破光景論是有待再研究的。再者，綜觀明代心學之發展，光景之破除是否僅爲近溪所專擅，包括陽明在內之其他心學家是否也有所謂破光景問題？當然，這問題有其複雜性。於此，吾人必得再從明代心學發展之角度，重新檢視何謂光景？它是如何產生的？其在道德實踐中之意義爲何？這些問題若能獲得適度之釐清，將有助於我們探討近溪之破光景問題。這方面，青年學者黃淑齡針對明代心學發展所提出之「光景論」，有相當切要之論述。

　　依黃文，就心學之發展而言，誠如本文第一章所述，陽明既反對朱子之析心與理爲二，從而將作爲本體之天理收攝於吾心良知而言之：吾心良知之明覺感應即天理之自然呈現，故其總言「良知之天理」。然則，儘管陽明在理論教法對對此良知天理之實義已展示無遺，但對此良知天理之眞實體驗或如何使之能在自家生命中起眞實作用，基本上只能「自證自悟」，故陽明曾表示：乃若致知，則存乎心悟。再者，在本體論上，良知雖圓滿自足、無一毫虧欠，且良知一經證悟，則當下呈現以爲吾人道德實踐之根據；然則，在對本體之體悟上，因個人資稟、工夫進路、乃至用功程度等之不同，每個人對良知之體證方式或本體意涵之表述，便可能有某些差異存在，這便涉及各人體證之「眞僞」或「檢證」問題。嚴格說，亦無所謂「眞僞」或「檢證」的問題。因爲在心學中，吾人對此良知天理本體之體證，只能透過吾心之「感應」而行之，但此良知本體既非經驗及語言文字所能表述，亦非如朱子「性理」之具明確的客觀規範義，則吾人對自己之體證或感應作用之眞僞問題，原則上也只能是「自知自證」，他人是無緣置喙的。但在心學之發展中，某種程度的「對話交流」又是必須的，而這便只能姑且以自己之體證方式或對本體意涵之堅持爲「判準」，以展開對它人體證之批判性反省或對話，此便有所謂的「光景論」之出現。因而，光景乃心學付諸實踐中特有之問題。

　　進言之，誠如黃文所指出的，光景論具有「破妄顯眞」之意義。簡言之，所謂的光景論，乃是以個人對本體之眞實體證經驗作爲一「判準」，以之作爲批判或檢證他人本體體證眞僞之根據，凡他人之體證本身不符合此判準者，

天明亦即天常能具體而眞實地流行於日用之間耶？此蓋是歷史發展之必然，而近溪即承當了此必然，故其學問之風格即專以此爲勝場」。見所著《從陸象山到劉蕺山》，頁 290～291。學生書局：民國 68 年 6 月初版。

便批判其所體證者只是「光景」而非良知眞體。但此所謂的批判，並非在存有論的層次上，對他人整套本體論系統之駁斥（如陽明之批判朱子之析心與理爲二等），或是質疑此良知本體之眞實存在，而只是以工夫上他人對此本體之體證或明覺作用作爲批判之對象，故「光景論」並非「本體論」上之批判理論。此係光景論之「破妄」作用。同時，由此批判、破妄中，亦可見出論者批判之判準：其本體義之堅持所在（如羅近溪之重生生、王龍溪之重虛靈等），批判者正是以此「監督」或「指點」他人之體證方式，以確保此本體義之實落，此具有「顯眞」之意義。當然，此雖仍免不了「各是其所是，各非其所非」之問題，但透過各人光景論之提出，吾人正可據此一一檢視其對本體表述之方式或內涵，及工夫涵養與境界昇拔之歷程。故光景實乃心學家於眞實道德實踐中首先須破除之物。〔註3〕

　　據此，則每一心學家皆可能以其對本體之體證爲爲根據而提出一套「光景論」。以陽明爲例，他是以吾心之「感應」作爲悟本體之方式，但也以超越義之天理作爲吾人體證本體之規範根據。因而，在本體上良知即天理是無可質疑的。但在工夫或體證上，若未能依良知教法紮實地於事上做工夫，而落於「情識而肆」之官能知覺，或「虛玄而蕩」之虛明玄解，乃至於釋者之「性空」等似是而非之虛妄中，而遺落了此超越之天理義，致使其心之所發非即良知天理之「明覺感應」；若據此而言「知體」流行者，便可以「光景」視之。再者，若徒事於靜坐以撥弄精魂，或徒沈浸於良知之虛寂或光輝中，甚而空描繪此良知本身，而未能「致吾心良知之天理於事事物物，使事事物物各得其理」者，更是光景。〔註4〕這是陽明光景論之批判或破妄意義。而於此批判

〔註3〕本文上述兩段有關光景論意涵之界定，及其在心學道德實踐意義之意義，基本上是順著黃淑齡《明代心學中「光景論」的發展研究》一文，第一章緒論部份而來，特此註明。但本文對近溪光景論之論述並非全同於黃文，蓋黃文依倫理學之思考模式，並未措意於近溪悟本體與破光景間之辯證關係，及其天之知與人之知「並歸一路」之特殊工夫進路。而這兩點正與近溪光景論有密切關聯。詳見本節下文之討論。

〔註4〕這裡有關陽明「光景論」意義之論述，與牟宗三先生所謂的「良知流行之光景」（廣義）與「良知本身之光景」（狹義）之說法大致吻合。牟先生之說法見《從陸象山到劉蕺山》，頁287～288。但與黃文所言之「光景論」意義略有不同。基本上我們可視牟先生之說法爲對陽明學中光景現象之描述。蓋牟先生並未據此而形成一套「光景論」之系統論述，且並未區別事實上每一心學家可能因其本體體證之不同而形成不同之光景論判準。據此，破光景亦非必羅近溪順陽明學發展之必然發展與專擅，而只是依其特殊之光景論判準，較

中，正可見出陽明對本體義之堅持所在了：良知必合天理以言之，且必須實落於事事物物上（必有事焉）。故陽明嘗言：「某於良知之說，從百死千難中得來，非是容易見到此。此本是學者參究話頭，不得已與人一口說盡，但恐學者得之容易，只把作一種光景玩弄，孤負此知耳」，〔註5〕即示人此良知本體體證上之艱難，並勉學者紮實地於事上用功，以確實體證、參究，否則工夫疏漏，體證不真，便只成玩弄此虛妄之光景了。此即陽明光景論之「監督」或「顯真」意義。〔註6〕

可是何以光景問題在陽明身上並未成為重要論題（陽明亦少論及光景問題），唯獨在近溪身上特別凸顯呢？基本上，這依然涉及二人本體體證內涵與工夫進路之歧異問題。在本體論上，陽明以道德義之天理先驗地規範此本體之內涵，因而，在理論上，只要吾心之明覺感應被限制於天理之範疇中，自少有光景問題出現。在工夫上，陽明言固亦須以「悟良知」作為工夫之超越根據，但基本上陽明是以近溪所謂的「用功為先」之工夫進路為入手處，此中，對良知本體之體證是一由隱至顯之步步體證歷程，且肯定每一層級良知體證之意義，因而，只要依良知教法如實用功，便少有光景問題，問題只在自己是否如實用功而已了。然依近溪，在本體論上，其既非如陽明之以道德義之天理作為本體之先驗意涵，其所謂的本體內涵只是一虛靈不已之生生之理，則此理如何實落於道德實踐中，顯然須有另一工夫之指點者；在工夫論上，近溪又是以「性地為先」（先悟存有）為其工夫進路：「言動即是現在……豈獨人難測其淺深，即己亦無從驗其長益」（《盱壇直詮》上卷，頁189），講求的是當下契入存有整體：一是全是，一非全非。此中，對本體體證真偽問題之辨識與指點，顯然是較為複雜且格外迫切須要的。那依近溪之判準，光景是如何產生的？它又有何特質呢？基本上這須先從近溪所論光景與本體之複雜關係來加以探討。

二、近溪論光景與本體之關係

理、欲問題是討論近溪光景與本體關係之核心論點。誠如本文第三章所

其他心學家嚴格罷了。
〔註5〕見《王陽明全書》年譜，卷二，正中書局：民國68年版。
〔註6〕著名的如年譜所載，陽明對自己洞中靜坐所顯之神通，謂之「此簸弄精神，非道也」之批判，而此批判之根據則為「思親」之念。

述，在存有論上，近溪固視盈天地間既亦只是此一氣之渾淪磅礡，浩渺無垠，而所謂天地（陰陽、氣）與乾坤（本體），正如水之與波般，實只是「一體之兩面」而已，亦即，理氣間只存在一存有層級之別。然則，另一方面，相較於此虛靈不已而無形無相之心體，形氣畢竟是有形跡之物。再者，所謂「血肉都是重滯」，欲之為欲，乃因吾心滯於形跡而失其虛靈之妙用而生。依其心之精神之謂聖之工夫境界，正是要此虛靈不已之心通貫於形氣間而顯其生生之大用：

> 吾心良知妙用圓通，其體亦是潔淨，如空谷聲然，一呼即應，一應即止；前無自來，後無從去，徹古徹今，無晝無夜，更無一毫不了處。但因汝我不識本真，自生疑畏，卻去見解以釋其疑，而其疑愈不可釋；支持以消其畏，而其畏愈難消；故工夫用得日勤，知體去得愈遠。……。（《盱壇直詮》上卷，頁 93～94）

> 此心之體極是微妙清輕，纖塵也容不得，世人苦不解事，卻使著許多粗重手腳，要去把抓搜尋。譬之一泓定水，本可見天徹地，纔一動手，便波起明昏。世人惟怪水體難澄，而不知是自家亂去動手也。（《盱壇直詮》上卷，頁 95）

> 人生天地間，原是一團靈氣，萬感萬應而莫究根源，渾渾淪淪而初無名色，只一心字亦是強立。後人不省，緣此起個念頭，就會生作見識，因識露個光景，便謂吾心實有如是本體，實有如是澄湛，實有如是自在寬舒。不知此段光景原從妄起，必從妄滅；及來應事接物，還是用著天然靈妙渾淪的心。此心儻在為他作主幹事，他卻嫌他不見光景形色，回頭只去想念前段心體，甚至欲把捉終身，以為純一不已，望顯發靈通，以為宇太天光，用力愈勞而違心欲遠矣。（《盱壇直詮》，頁 94～95）

這裡，從存有論上說，是點出吾心良知本質上是體與天通，是一亙古亙今而無形無相之虛靈本體，而其妙用（心之精神）亦直可通貫天地形物而無一毫不了。再者，所謂「人生天地間，原是一團靈氣，萬感萬應而莫究根源，渾渾淪淪而初無名色，只一心字亦是強立」，吾人之為「一團靈氣」，其存有之根源即等同於純從天理流行言而遍及天地人物之天心本體。此心非名相所能表示，亦超越能所之區分，而唯是一絕對之真心本體。故其體自「極是微妙清輕，纖塵也容不得」。因此，就本體之體證而言，任何感知之攀緣、意識（念）

之執持、乃至主體性之「靈明、神識」，〔註7〕皆不足以相應之。反之，工夫緊要處亦只在信得眞而不生疑畏：「全體放下」，轉而以妙應之心與天心打得對同。

　　顯然，光景之產生，與吾人對本體之體證內涵與工夫進路有密切關連。蓋此天心本體既只是一大化生生之流，正由於人不悟或「信不及」此本眞之當體流行而自生疑畏，而儘以主體自我之意念、識見、執著加以臆測、把抓，而誤以爲此心體有一純一不已之「如是本體」或「形相」可供把抓，殊不知此正是虛妄光景產生之根源。〔註8〕此一曲折歷程下文述及光景論之破妄顯眞義時當再細論。這裡，我們致意的是，在體性或本質上，本體與光景之關係爲何呢？近溪有一段與弟子共參佛經之經歷，或有助於我們對這一問題之深入理解：

> ……師（近溪）與儒輩同宿禪床。師雞鳴起坐，儒輩亦起坐。忽聞群僧誦《圓覺經》，至所謂夢幻云者，師問儒輩曰：「夢幻之云，雖梵書語，亦曾理會否？」儒對曰：「即空中花，由瞪目而生，空實無花也。」曰：「此語果何指？」對曰：「凡一切世界以暨心思皆是也。」曰：「如此則子之世界、心思皆能無有也？」對曰：「亦自了然，第未銷融耳。」安慶任齋朱君鈞子秉重者，從旁捷出曰：「但我出頭，他自不能勝。」師曰：「此皆空花語也。……夫一切世界皆我自生，起得又謂有他；若見有他，即有對，有對即有執；對執既滯，則愈攻而愈亂矣。能覺一切是我，則立地出頭，自他既無，執滯自化。是謂自目不瞪，空原無花也。」儒大有省，因下榻拜謝，謂朱君曰：「可謂消我顛倒想矣！」師亟曰：「未未！子將古何語印證，試速道來」。儒對曰：「語有之，能己復禮爲仁」。師曰：「子今得爲君子儒也」。（《盱壇直詮》下卷，頁192～193）

引文中所謂「由瞪目而生之空中花」，正似近溪所謂「原從妄起」之光景。依近溪，光景之產生，既只因人之失其本眞，而以其妄執之心「投射」於此本

〔註7〕 有關如王龍溪之強調主體性之「靈明、神識」，近溪仍判之爲光景，黃淑齡有一精要之論述。見其所著《明代心學中「光景論」的發展研究》，頁57。

〔註8〕 這裡除了批判因靜坐（超越的逆覺體證）所亦引起之炯炯虛妄光景外，實亦隱含未澈悟本體而強依「人之知」之工夫進路。依此進路，若工夫不熟，自易生執滯而：「欲把捉終身，以爲純一不已，妄顯發靈通，以爲宇太天光」，實則其所把抓者只是光景。顯然這涉及到光景與工夫進路之關聯，詳見下文之說明。

體而有之「假相」而來，則此光景本身並無一定有之「自性」存在，實為「有而非有，非有而有」之物，故前引文謂：「此段光景原從妄起，必從妄滅」。今儒者視光景為「定有之物」而欲加以徹底破除，實又為此妄起妄滅之光景假相所遮蔽，即此「欲」破除之心，即又是光景矣，故近溪並未肯首，此即類似佛家由「破我、法相」至「破非我、非法相」之雙遮法；朱君則欲從實有層立一超越之主體（我出頭），以撥除此光景（他自不能勝），但此則仍視光景為一被對治之「對象」而與之陷入對治執持中，而有所對執即有所隔截、偏滯，即此隔截、偏滯本身則又形成另一光景矣。近溪所謂的：「能覺一切是我」之「我」，則是流行、遍及天地萬物之「絕對真心本體」。今遍天地、徹聖凡只是此真心本體之流行，所謂的光景只是此本然清靜之真心本體因一時難以了知之迷執，而虛妄地「倒映」於人心之投射中而起，本亦無所謂光景存在；故只要「能覺」此「一切是我」之真心本體，則「立地出頭，自他既無，執滯俱化」，既無對治之主體，亦無被對治之對象，當下只是此真心本體之生生不息、充盈融通了。故只要當下順此真心本體之生生大化而不起妄執，原亦無所謂光景之問題了：「是謂自目不瞪，空原無花也」，光景畢竟仍是虛妄之物也，最後近溪則以首肯儒者能己復禮之言，又將此問題帶回儒家之脈絡中來。事實上，近溪這一說法背後仍有一如前文第四章所述心體「迷覺一體」之特殊的本體論表示方式支持著：

> 今盈宇宙中，只是個天，只是個天，便只是個理，惟不知天是理者，方始化作欲去。今天日之下原只是個光亮，惟瞽了目者方始化作暗去了也。（《盱壇直詮》下卷，頁 254～255）

如第一章所述，陽明雖言本體只是一個，但亦肯定在致知歷程中，依各人資稟及工夫深淺，在受用程度上有「陰霾天日、浮雲天日、青天白日」隱顯不同三層級之別，而亦皆各得其位。又依陽明，慾或迷執因意（動於氣之意）而生，如地上塵，一日不掃則一日又生，乃待克制之「經驗對象」。因此，人心一時之迷執，並不須當下與此唯一真心本體對照而被判為虛妄之光景，光景之判準主要是就果地上良知天理是否實落而言。近溪當然亦要求果地上良知本體之實落，然其既純以果地上本然清靜無染而盈天地、遍宇宙之良知心體作為因地起修之根據，從而取消良知本體受用隱顯之別，亦不從制欲或逆覺體證以言致良知，因此，人心一時之迷執當下即因與此真心本體對照而被判為光景，光景之判準乃落於其工夫歷程中每一「當下」，真心與妄心之「真

妄之辨」了；又所謂「吾心之先迷後覺卻是一個」，則光景又只是此永恆純淨遍在之心體因一時之妄心起動而生之「迷執相」，並非獨立存在之「對象」，亦不須要一工夫歷程加以對治或還滅，因而，對近溪來說，光景形成之主要原因便只在於吾心「當下一念迷覺」之間了。

三、近溪光景論之破妄顯眞義

如前文所述，光景論之提出主要仍是涉及個人對本體體證內涵及工夫進路（體證方式）問題，且具有破妄顯眞之意義。下文將進一步從前文所言之兩種工夫進路入手，並依此兩大作用探討近溪之光景論。文獻記載：

> 會中一友用工，每坐便閉目觀心。子問之曰：君今相對，見得心中何如？曰：炯炯然也，但恐不能保守，奈何？曰：且莫論保守，只恐未是耳。曰：此處更無虛假。曰：可知炯炯有落處？其友頗不悅。久之稍及他事，隨歌詩一首，乃徐徐謂曰：乃適來酬酢，自我觀之，儘是明覺不爽，何必以炯炯在心爲乎！況聖人之學本諸赤子，又徵諸庶民。若坐下心中炯炯，卻赤子原未帶來，而與大眾亦不一般也，蓋渾非天性而出自人爲。今日天人之分，便是將來神鬼之關。能以天明爲明，則言動條暢，意氣舒展，不爲神明者無幾。若只沈溺胸襟，留戀景光，幽陰旣久，不爲鬼者亦無幾。噫！豈知此一念炯炯，翻爲鬼種，其中藏乃鬼窟也。（《盱壇直詮》上卷，頁97～98）
>
> 不能以天理之自然爲復者，而獨於心識之迴然處求之，則天以人勝，眞以妄奪。君試反而思之，豈嘗有胸中炯然能終日不忘耶？事爲持守能終日不散耶？即能終日即夜則又睡著矣。但請諸君渾身放下，視聽言動都且信任天機，自然而然，從前所喜胸次之炯炯，事務之循循，一切不做要緊，有也不覺其益，無也不覺其損，久則天自爲主，人自聽命，所謂不識不知，順帝之則矣。（《盱壇直詮》上卷，頁95～96）

這裡，此「心識之迴然、炯炯」的光景之所以產生，主要涉及工夫進路問題：天人之分。所謂「以天明爲明」、「以天理之自然爲復」（復以自知），即前文所謂「黃中所通者，即一陽眞氣從地中復」之直道工夫：屬天之知。此原只須「渾身放下」，如前所述，此亦只是以一對境不執不離而境識俱泯之心以順應天機，自能言動條暢，意氣舒展，本無所謂光景問題。反之，若「信」此

不透，未能「渾身放下」以求徹悟，反而先由「反觀」（人之知）工夫入手，光景於焉生焉。

　　蓋本體一經反觀，其中必有主客對治之執持而不能渾融而化，而顯現為本體之一「光輝相」（炯炯），那此光輝相本身，何以又會成為光景呢？因此時所欲體證的「大而化之」（充盈光輝卻又無聲無臭而不顯光輝相）之本體尚未全體渾融顯現，吾人只停留於對此本體之「自玩其靈明」中而只見其光輝相；然人於求道（悟本體）之歷程中，此光輝相本身卻又極易使人誤以為真體而沈浸於其中而不知回返。〔註9〕人一沈浸於其中，心即有所「著」，即此一「著」，心即失其「本然不偏不倚之真」，而此光輝相便極可能混雜著下意識或心識之慾望等氣性情結之物而顯現，而只淪為心識之測識、想像，或意念之憧憧、擾擾。此即其所謂的「沈滯胸襟，留戀景光」，是最為害道之「鬼窟」。

　　再者，此光輝相固依附本體而生，然依此本然清靜無染之良知真體觀之，吾人所見或所執持者，畢竟只是心識自身執持下之虛妄光景，而非良知真體。故此光景本身是時生時滅，時聚時散；其得失、明暗、欣苦皆相對而生，不具絕對、永恆之意義。〔註10〕此終究是要妄失、散去，由此入手正是「天以人勝，真以妄奪」，非但不能成功，反而只是障道之物：「工夫用得日勤，知體去得愈遠」（前引文）。因此，近溪自然要強調「真覺點化」之工夫進路，以「剝落淨盡，不掛絲毫」之姿態妙應之：

> 吾心良知妙用圓通，其體亦是潔淨……今日須是斬釘截鐵，更不容情，汝我言下一句，即是一句，赤條條，光裸裸，直是空谷應聲，更無沾滯，豈非人生一大快事也。（《盱壇直詮》上卷，頁93～94）

這是側重於近溪對他人工夫進路之遮撥、批判而言之光景論意義。那近溪又如何於此「破妄」中而「顯真」，發揮光景論之監督或指點作用呢？

> 師忽問儒所得。儒對曰：「近來見得無聲無臭，而廣生大生天之道也，故嘗理會無思無為之本，使此未發、發時澄澄湛湛，則隨時隨手，達順將去，天地萬物有所不能違，而範圍曲成在是矣」。師曰：「此

〔註9〕這裡所述參見唐君毅先生《中國哲學原論：原教篇》，頁430～432。

〔註10〕對此，近溪曾說：「蓋聖人之學，原是天性渾成，而道心之微必須幾希悟入，其中本著不得一念，而吾人亦不可以一念著之也。今不求真訣點化，而強從光景中分別耿耿一念以為光明，執住此念以為現在；不知此個念頭非是真體，有時而生，則有時而滅，有時而聚，則有時而散；故當其得時，即是失根，當期明時，即是暗根，當其欣喜時，又便是苦根也」（《盱壇直詮》下卷，頁169）。

亦幾於並歸一路，甚好。然有所見莫不是妄否？無思無爲之本澄澄
湛湛，莫不是想成一光景否？亦果能時時澄澄湛湛否？隨時隨手，
果能動中否？」儒時無對。師又曰：「如吾子所見，則百歲後易簀時，
欣欣瞑矣。吾則以爲眞正仲尼，臨終不免嘆口氣也。」次早梳洗頃，
師顧儒大聲曰：「大丈夫須放大些志氣，莫向孤塚裏作活計」。儒大
有省，疑根則未釋也。(《盱壇直詮》下卷，頁 184～185)

師徵儒新功，儒對曰：「覺到不費些子力氣處，大有受用」。師曰：「不
費些子力氣極是。但孔子發憤處如何説？」對曰：「孔子發憤爲討此
受用，故繼之曰樂以忘憂。」師曰：「然。吾人學問如舟車然，車輪
之發，舟帆之上，必費些力，比至中途，輪激帆揚，何須致力。」
居頃之，問曰：「此時心地如何？」儒對曰：「覺無物」。師又曰：「此
便是」。頃又曰：「當得帳否？」儒對曰：「恐當不得帳」師曰：「然
這是光景」。會散，又扣數語，師肯首曰：「如子所説，都是學問脈
絡，想是明白無勞多譚，只是人行我行，人歇我不歇。如是做去，
五六年便熟了，便是聖人路上人了」。(同上書，頁 183)

近溪學生曹胤儒之「並歸一路」本是「睿以通微、神明不測」之工夫境界，
而「覺無物」亦正是上文所言「剝落淨盡，不掛絲毫」之悟本體境界，何以
近溪又判二者爲光景呢？基本上，若是漸修或漸悟，講求的是在經驗、時間
之流中做積累之工夫，其修悟之境界雖有隨時間之變化而不能常駐之憾，但
日有所悟，則日有所長，反而能「日日」受用；若依近溪所要求的徹悟或頓
悟境界做工夫，其起手處便是欲求超越此經驗時間流程之限制，而以「妙應」
之姿態進入一「無時間性」之永恆、絕對境界。但此又不能是脫離經驗時間
流程外之孤絕境界，而必須以一種「無時間性之時間」之方式，「時時」融入
於此經驗之流中，而在自家生命起意義的轉化作用；否則，此境界本身亦將
只是生滅不定之光景而已。所以，這裡近溪以能否「時時受用」：「果能時時
澄湛否？隨時隨手，果能動中否？」、「當得帳否？」，爲判準，謂儒者之「所
見」、「所覺」實爲虛妄之光景。那此「當下受用」又指向哪一方向或意義呢？

若依陽明，致知必連帶誠意、格物而言之，而其以「致良知天理於事事
物物上」作爲光景論之判準者，亦正是以道德意義之格物爲工夫實落之指標；
今近溪工夫之重心既不在誠意、格物以言致良知，則道德意義之格物指標並
非其光景論關懷之重點。如前文所述，近溪本體論提出之主要意義，乃在爲

以「百姓日用是道」爲特殊傳統之泰州學派，提供一倫理實踐之本體論根據。且近溪之學又以悟本體爲先，但一言本體或存有，本即是一「奧祕」而不僅拘限於倫理範疇，因而在此渾淪順遂而與物同體之悟境中，原先作爲悟本體標的之倫理實踐原則，是極容易因「一念」之迷執而「迷失」，反而沈溺於此清靈虛寂之境地，而成了光景、鬼窟，因此，近溪會以「日用倫理常行」之「當下」受用作爲其光景論之最高判準，是相當可以理解的。那近溪又如何從破妄中「顯眞」呢？

> 子因一友謂「吾儕今日只合時時照管本心，是歸依本性者」反覆定之而未解時，一二童子捧茶方至，子指而探之曰：「君視此時童子如何？」曰：「信得更無兩樣」。頃之，復問之曰：「不知此時君何所用功？」曰：「此時覺心中光光晶晶，無有沾滯」。子曰：「君前與捧茶童子一般，說得盡是；至曰心中覺光光晶晶，無有沾滯，說得又自己翻帳也」。此友沈思久之，遽然起曰：「我看來並未翻帳，先生何爲言此？」子曰：「童子現在，請君問他心中有此光景否？若無此光景，則分明與他兩樣矣」曰：「此果似兩樣，不知先生心中工夫果是何如？」子曰：「我底心中也無個中，也無個外；所用工夫也不在心中，也不在心外。只說童子獻茶來時，隨眾起而受之，已而從容啜畢，童子來接茶甌時，又隨眾而與之。君必以心相求，則此無非是心；以工夫相求，則此無非工夫。……」其友恍然有省。(《盱壇直詮》上卷，頁98～100)

> 子按騰越，州衛及諸鄉大夫請大舉鄉約……林生曰：「自領教以來，常持此心不敢放下」。子顧諸士夫嘆曰：「只恐林生所持者，未必是心也」……林生同諸士夫再三進曰：「公祖謂諸老幼所言，既皆渾是本心，則林生所言者何獨不是心耶？」子復嘆曰：「謂之是心亦可，謂之不是心亦可；蓋天下無心外之事，何獨所持而不是心？但既有所持，則必有一物矣！諸君試看，許多老幼在此講談，一段精神，千千萬萬，變變化化，倏然而聚，倏然而散，倏然而喜，倏然而悲，彼既不可得而知，我亦不可得而測，非惟無待於持，而亦無所容其持也。林生於此渾淪圓活處未曾見得，遽去持守而不放下，則其所執者，或只是意念之端倪，或只是聞見之想像，持守益堅而去心益遠矣，顧謂之不是心亦可也」。林生復進而質曰：「諸生平日讀書，

把心與意念看得原不相遠，今公祖斷然以所持只可當意念而不可謂心。不知心與意念如何相去如此之遠也？」子嘆曰：「以意念爲心，自孔孟以後大抵皆然矣！但此個卻是學問一大頭腦，此處不清而漫謂有志學聖，是猶煮沙而求作糜，縱教水乾柴竭，而糜終不可成也」。諸縉紳請曰：「意念與心既是不同也，須爲諸生指破，渠方不致錯用工也」。子嘆曰：「若使某得用言指破，則林生亦可用力執持矣」。(《盱壇直詮》下卷，頁 159～161)

這裡所謂的「我底心中也無個中，也無個外；所用工夫也不在心中，也不在心外」，正是一「內外俱遮，有無俱遣」之破執法。〔註11〕依近溪，「吾心之迷覺本是一個」，眞心本體既無法以言語描述，則此迷執妄心及因之而生的光景，也是無法點破的。對近溪來說，工夫歷程中本體所生之光輝或炯炯不必然是光景，因吾心之迷執而欲加以把抓、測識或沈溺於其中，始成爲「心識炯炯」之鬼窟、光景。因此，只要工夫能「並歸一路」，先悟得本體，則即使做第二義之「反觀」或「逆覺」工夫，自然亦「一切不做要緊，有也不覺其益，無也不覺其損」（見前引文），而了無沾滯了。究極地說，光景既非一「對象」，自亦無物可據以「指破」了，所謂的「破」光景，亦只是方便說法而已。進一步說，只要一念信得及、悟得透，則此心本自渾淪流行於日用常行間，工夫所在亦只是順此渾淪之心而自自然然地行日用常事。至此，童子捧茶即是道，喝茶就是工夫，原亦無所謂工夫可言；反倒是於此看不透、放不下，而自生迷執者，又是光景鬼窟了。而只要破除了光景，便當下即是良知天理之渾淪流行了。

論述至此，亦可見在近溪哲學中，悟本體與破光景間之密切關聯了。統而言之，光景之形成正因本體未透、工夫間斷致生迷執而來。但只要本體透徹而工夫不間斷，則光景自除，原亦不須再有所謂的破光景之「工夫」；而所謂的「破」光景，亦只是順此「似無知而無所不知，似無能而無所不能」之良知心體，如理如實地致力於日用倫理實踐，則亦無所謂光景之可破了。這正是近溪學風之特殊處。顯然，這種特殊境界是不易理解的，亦無怪乎學者於此所論亦見仁見智了。

〔註11〕有關近溪破光景方法之運用，及其與佛教工夫上之關聯，請參見古清美：〈羅近溪「打破光景」義之疏釋及其與佛教思想之交涉〉一文，收錄於《佛教的思想與文化：印順導師八秩晉六壽慶論文集》一書，釋聖嚴等人編，法光出版社：民國 80 年出版。

第二節　近溪論學之旨趣與特殊風格

　　大致上，欲論及近溪哲學之旨趣及特殊風貌，當涉及三個問題。一、其與陽明學乃至泰州學派間之歷史淵源。二、如何理解其本體論（尤其是理氣問題），及特殊工夫進路。三、如何解讀其破光景論。本節下文大致上將據此三判準，一一討論學者對近溪哲學之論評。首先，黃宗羲在《明儒學案》中曾有一段評斷：

> 先生之學，以赤子良心不學不慮爲的。以天地萬物同體，徹形骸忘物我爲大。此理生生不息，不須把持，不須接續，當下渾淪順適。解纜放船，順風張棹，無之非是。學人不省，妄以澄然湛然爲心之本體，沈滯胸隔，留戀景光，是爲鬼窟活計，非天明也。論者謂龍溪筆勝舌，近溪舌勝筆。微談劇論，若春行雷動，雖素不識學之人，俄頃之間，能令其心地開朗，道在眼前。一洗理學膚淺套括之氣，當下便有受用，顧未有如先生者也。〔註12〕

在學派之歸屬上，黃宗羲將近溪與王艮諸人納入「泰州學案」，而非「王門」（如江右、浙中等學派），顯然他也注意到泰州學派之發展與陽明學間之區別，並注意到近溪與泰州諸公（尤其是王艮）間之傳承關係，證諸本文前幾章所述，此一作法是有理論根據的。〔註13〕至就所謂「以赤子良心不學不慮爲的……當下渾淪順適」等評論，我們認爲也是頗能掌握近溪哲學之特殊風格。蓋如前述，強調全體放下而順任生幾以悟存有，並將之轉爲赤子知能之倫理實踐動力，以言百姓日用是道，正是其與陽明本體論與工夫進路間之本質區別。所謂「工夫難得湊泊，即以不屑湊泊爲工夫。胸次茫無畔岸，便以不依畔岸爲胸次」，便是這種工夫進路之寫照，而「解纜放船，順風張棹，無之非是」，正是這種特殊風格之具體顯現。再者，所謂「學人不省，妄以澄然湛然爲心之本體……非天明也」之說，顯示黃宗羲也注意道破光景在近溪哲學中之重要性。至若「微談劇論，若春行雷動……一洗理學膚淺套括之氣，當下便有受用」之評，正精妙地顯示近溪論學特重具體生命關懷與實踐，及

〔註12〕見黃宗羲《明儒學案》卷三十四，泰州學案三，頁 335～336。世界書局：民國 81 年 5 月五版。

〔註13〕就陽明與後學之關係言，牟宗三先生認爲近溪學爲陽明學之「調適上遂」者；黃宗羲則認爲江右王學得其傳。龔鵬程先生則反對以籠統之地域或單一之理論體系作爲區別之判準，而強調各個思想家思想之獨立性。

承泰州家風，將儒學普世化之特殊方向。要之，證諸本文前面的論證，我們同意上述黃宗羲對近溪論學旨趣與特殊風格之論斷。但就理氣問題，及破光景與佛門之關係，黃宗羲卻接著說：

> 然所謂渾淪順適者，正是佛法一切現成。所謂鬼窟活計者，亦是寂子速道莫入陰界之呵。不落義理，不落想像，先生真得祖師禪之精者。蓋生生之幾，洋溢天地間，是其流行之體也。至流行而至劃一，有川流便有敦化。故儒者於流行見其劃一，方謂之知性。若徒見氣機之鼓盪而玩弄不已，猶在陰陽邊事，先生未免一間之未達。〔註14〕

羅近溪所強調的當下渾淪順適，及其所致意的破光景論，是否就是所謂的「佛法一切現成」，及「得祖師禪之精者」，下文當再論及。這裡我們所致意的是，近溪所悟的「流行之體」是否真如黃宗羲所謂的「徒見氣機之鼓盪而玩弄不已，猶在陰陽邊事」而「一間之未達」。當代學者如楊儒賓先生即順黃宗羲之見而言近溪乃氣化意義之「作用見性」。楊先生說：

> 羅近溪對學生及聽眾演講注重氣機鼓盪，當下提撕，這是事實；他的言語渾淪順適，如丸圓轉，這也是事實。但這種風格與其視作禪門專利，還不如視作王學以良知立教必然會發展出來的風貌……王陽明生前教導學生早已氣機鼓盪，羅近溪繼起，王學已經數十年之發展，我們不宜忘掉：羅近溪講學的階段已到「此性惟不能知，若果知時，便骨肉皮毛，渾身透亮；河山草樹，大地回春。」我們也不宜忘掉，王學發展到羅近溪，以不單單是思辯解析之事，在五千人的講會中、在滿書院的聽眾前、在隨時隨地與同志門生之互動之際，良知是要在言語、行動中表現出來的。因此，如再配合「知覺展現、身體運動都是良知」這樣的宗旨，羅近溪講學怎能不氣機鼓盪，渾淪自適！……它反對抽象，不喜憑空設想，主張心體道體性體貫通為一，而且這「一體」生生不息，無時無地不在知覺云為間顯露。〔註15〕

基本上，我們並不否認，近溪學實落於實踐或講會時，理論分際稍一不慎，是易有氣機鼓盪之病，但這仍是人病而非法病。因為，近溪固不否認知覺、運動是心（良知）某種程度作用之呈現，但依「心之精神之謂聖」之說，知

〔註14〕 同註12。

〔註15〕 見楊儒賓先生「理學論辯中的『作用是性』說」一文，頁 23～24，《漢學研究》第十二卷第二期，民國 83 年 12 月。

覺、運動畢竟不是心之本質作用，故說知覺、運動是心也可以，說它們不是心也可以。蓋如前述，心之為心，其本質作用，正是這種對境「不執不離」之觀照活動；況且，在破光景論中，近溪更是強調這種真心與妄心之辨：凡心有所執持皆是妄，更何況是執知覺、運動本身以為真心。這方面，牟宗三先生則對此等說法表示強烈之批判：

> 如果羅近溪之由拆穿光景而歸於順適平常，無之非是，自然、活潑，生機盎然，一團和氣，無拘謹矜持險怪之象，乃至所謂當下即是，眼前即是，「捧茶童子是道」，「骨肉皮毛，渾身透亮」，「抬頭舉目，渾全只是知體著見；啟口容聲，纖悉盡是知體發揮」，（皆近溪語），凡此等等所示之境，亦可以「流行之體」指目之，則此流行之體決然是指心體、知體、仁體之隨事著見而言，是體之具體而真實地呈現，圓頓地呈現，亦如「天命於穆不已」之流行于天地生化之中，隨時著見，隨處著見，全用事體即全體是用，全神是氣即全氣是神……此體雖是即活動即存有，然其本身實無所謂流行。流行者隨事、隨時、隨處著見之謂也。事有流行變化，氣有流行變化，而體無流行變化，言流行者託事以現耳，與事俱往而曲成之耳，亦是遍在之意也。〔註16〕

顯然，牟先生相當注意到近溪之言渾淪順遂與破光景間之關連，而其辯護之焦點乃在，近溪經由艱苦的破光景工夫後所體現的流行之體，決然是即存有即活動，即動即靜、即靜即動，而本質上實無流行變化，與氣之流行有異質區別之心體、知體、仁體。當然，牟先生依其價值意義上本體與現象超越的區分之哲學體系，〔註17〕用於陽明哲學之詮釋，其詮釋效力及對當代哲學發展之意義幾乎是不容置疑的；但就近溪文獻而言，證諸本文第三章本體論之論證，此一區分實難用於近溪身上，故牟先生對近溪哲學之辯護，其效力自不無疑義。

〔註16〕 有關牟先生所言本體與現象超越區分之義理展示，參見李明輝先生「牟宗三哲學中的『物自身』概念」一文，載氏著《當代儒學之自我轉化》一書，中央研究院中國文哲研究所，民國83年6月初版。

〔註17〕 僅以近溪破光景後之境界而論，牟先生認為這是經由艱苦道德實踐後化境之呈現；然依近溪，光景之破除主要是涉及工夫進路問題：全體放下而聽任天機流行，此雖與牟先生所言之境界相似，但誠如近溪一再強調的，這是不待化境呈現而然的。反之，這只是近溪法聖崇禮而行倫理實踐（盡性）之起點。至於其光景論之判準及其工夫意義與陽明間之歧異已如上文所述。

　　但是，近溪哲學也不是如黃宗羲所謂的只見氣機之流行而未見其「劃一
之性」（川流之敦化），文獻記載：

　　　　生之謂仁，生而一之之謂心。心一則仁一，仁一則心無弗一也，是故
　　　　一則無間間矣！無間者，此心之仁之所以純乎其運也。一則無外矣，
　　　　無外者，此心之仁之所以博乎其施也。（《盱壇直詮》上卷，頁 35）

事實上，從存有論上說，近溪其所言之生幾本體，雖具理氣圓融（即理氣間
只是一層級之別）之特質；但在工夫境界上，所謂的「心之精神之謂聖」，此
心之圓通妙用雖不離於形氣，卻又自超越於形氣，蓋本質上，此心此理畢竟
只是一無形無相、隱顯自如而不容有所沾滯之虛靈本體。所謂的「一則無外」
而博乎其施，不是超越此流行之氣而劃一至川流之敦化嗎？何以說近溪只重
渾淪順遂之氣機鼓盪呢？再者，黃宗羲顯然也沒注意到近溪光景論提出之之
主要意義，乃在要求一切對存有之體證能時時實落於倫理實踐之範疇中。當
代學者中，以龔鵬程先生首先注意到近溪這種重視倫理實踐乃至崇禮法聖之
特殊哲學精神：

　　　　故其用心不在指點良知、不在描述道體流行境界、不在消化有關良
　　　　知的系統分解，更不在叫人全體放下、渾淪順適、眼前即是。而是
　　　　要人切切實實去「致」此良知，且非反歸自心逆覺體證式地致，而
　　　　是在日常行事上去除遊氣之雜擾、避免耳目嗜欲之牽滯，做戒慎恐
　　　　懼的工夫，而表現出一種合理也合禮的的倫理生活。〔註18〕

基本上，龔先生切斷近溪與陽明，乃至泰州王艮間之思想傳承關係，轉從思想
史的角度，考究出近溪後學受乃師哲學精神之感召，將近溪學推向一「述聖之
學」，乃至「王學經世」之道路，爲晚明心學帶來另一思想風潮，這是頗值得注
意之發展。同時，龔先生也據此而點出：「表現出一種合理也合禮的的倫理生
活」，作爲近溪哲學之終極歸向，這一方向也頗切中近溪學之要點。但若據此而
謂近溪之用心「不在指點良知」、「不在叫人全體放下、渾淪順適、眼前即是」
等，則是有失偏頗之論。因爲這等於是說，近溪哲學中全無本體論及破光景一
事。當然，我們固無須如牟先生般，視近溪直承陽明良知教之系統分解而把破
光景視爲其專擅，但若無悟本體與破光景之工夫歷程，近溪哲學也無法走向所
謂「合理也合禮的的倫理生活」。事實上，龔先生在文中對近溪相關文獻中整套

〔註18〕見龔鵬程先生「羅近溪與晚明王學之發展」一文，頁 242～243，《國立中正大
　　　　學學報》第五卷第一期（人文分冊），民國 83 年 10 月。

存有論之表述幾乎隻字不提，這無疑是攔腰切斷近溪哲學倫理學之支柱。蓋在明代心學中，無論心學家對本體之體證或表述模式爲何，本體論總是其道德實踐之根源動力乃至終極指標。否則，其整套道德哲學將淪爲教條式規箴之危險。綜觀近溪哲學，當尚不至如此。因此，儘管龔文精確地點出近溪哲學之終極歸向，但就其哲學整體風貌之把握而言，仍有失之東隅之憾。相較之下，我們認爲唐君毅先生似較能全面性地掌握近溪學之整體精神：

> 此其爲教，同以超拔於吾人一般憧憧之念爲首務，而不重陽明良知之知善知惡之義；義不以在善惡念上之省察，而存善去惡，存天理去人欲之工夫爲重者。蓋徒事於知善知惡或省察，皆尚未出道德上善惡思慮計較安排之外者也。近溪合生與覺以言良知之即仁體，固重於在即人之赤子之心、日用常行中指點此一不慮不學之仁體。人果識得此仁體，則明覺在是，生命亦在是；心在是，己之生與良知之生，皆在是。私欲自銷，光景自除，不假人造之思爲，而人之視聽言動，自然合乎天則，爲乾坤知能之直接表現。則聖境匪遙，觸目皆道。而乾知坤能皆不外此仁體，誠所謂「天德出寧，而造作俱廢」矣。〔註19〕

在哲學體系上，唐先生並未如牟先生之以理氣或本體與現象之超越區分來詮釋陽明與近溪哲學，故大體上，仍視泰州學派及近溪學乃陽明學之後續發展，只是著重之方向有所不同而已。同時，唐先生也不似牟先生之以破光景爲近溪之專擅，或如龔先生之專以合理且合禮之倫理實踐爲其指歸；反之，我們認爲，雖然在義理系統之分解上，唐先生或有含混、籠統處，但憑其直覺之洞察睿智與不預設特定立場之詮釋態度中，反能平實中肯地道出近溪學之整體風格與特質。

首先，謂近溪重「超拔於吾人一般憧憧之念爲首務，而不重陽明良知之知善知惡之義」諸說，確是切中要害的。蓋證諸前文諸多論證，近溪固承泰州學風而主百姓日用是道，且取消陽明主體性良知之超越的工夫勁道，但此非謂近溪即以俗情世間之憧憧往來爲指歸；反之，在其盛言平常自然之學風中，卻隱藏一超拔於俗情世間，乃至「道德上善惡思慮計較安排」之特殊境界。當然，這一特殊理境之哲學意涵仍有待抉發的。

〔註19〕見唐君毅先生《中國哲學原論：原性篇》，頁 465～466，學生書局：民國 73 年 2 月全集校訂版。

其次，謂近溪合生與覺以言良知之即仁體，言仁體即攝乾知坤能，工夫上重即人赤子之心、日用常行中指點仁體等說法，這與本文三、四章有關近溪本體論與工夫論之論證，大體上是若合符節的。這些論點之指出，也正足以回應黃宗羲謂近溪「所謂渾淪順遂者，正是佛法一切現成」之評論。

再者，在明代心學光景論之詮釋上，唐先生之理論分解容或不夠周全，但對近溪悟本體與破光景間之辯證關係，指出「人果識得此仁體，則明覺在是，生命亦在是……私欲自銷，光景自除」諸說，卻與本文有關近溪光景論之結論殊途同歸。這一論點之指出，亦對前引文中黃宗羲「所謂鬼窟活計者，亦是寂子速道莫入陰界之呵。不落義理，不落想像，先生真得祖師禪之精者」等近溪與儒佛關係之評論，提供一抒解與回應之道。蓋從晚明儒佛交流之思想風潮，及其論學交遊與文獻上看，近溪與佛學間確有一定程度之互動關係。〔註20〕那我們是否可以透過其與佛學間之交涉關係，進而在某種程度上吸納佛學之理論，以抉發近溪這一特殊之哲學理境？本文下一節將對以上諸問題進一步加以探討。

第三節　近溪哲學之特殊理境

一、平常、自然與弔詭風格

依陽明：

> 喜怒哀懼愛惡欲，謂之七情，七者俱是人心合有的……七情順其自然之流行，皆是良知之用，不可分別善惡，只不可有所著，七情有著，俱謂之欲，俱爲良知之弊。（《傳習錄》）

> 問：逝者如斯，是說自家心性活潑潑地否？先生曰：然。須要時時要致良知的工夫，方才活潑潑地，方才與他川水一般。（《傳習錄》）

這裡，若說孔子「逝者如斯，不捨晝夜」是表示道體流行之境界，但這境界是透過致良知工夫而有者。蓋依陽明，實踐地說，吾人固可謂「喜怒哀懼愛惡欲，謂之七情，七者俱是人心合有的」，良知不離於七情；但在理論分解上，良知天理與七情間畢竟有一超越地區分，若欲說「七情順其自然之流行，皆

〔註20〕有關這問題之研究，請參古清美：〈羅近溪「打破光景」義之疏釋及其與佛教思想之交涉〉一文，同註11。

是良知之用」而無所執滯，那也是致良知工夫純熟境界之呈現。依牟先生之說法，此時情之爲情，顯然不是感性意義之情，而是被上提爲一「形上之覺情」，於此亦表示一「妙慧」之美感境界。〔註21〕亦即，在吾人之道德實踐中，其首出義乃法則義之良知天理，情、自然、平常等和樂境界之呈現乃係屬於法則義之天理而有者，是第二義的。

　　然依近溪之特殊教法，所謂「自然乃入道之首功」，樂、平常、自然是可以當下言之者。但我們是否可以說，這就是一種「感性直覺」意義之平常、自然之樂？這方面，民初之學者如梁漱溟，即以一種感性意義之「本能直覺」來詮釋泰州學派之言生生之幾、良知良能、樂等之意涵。〔註22〕乍看之下，此一詮釋方式似亦難以非議。蓋其既主百姓日用是道、是性，又以平常、自然爲入道之首功，這難道不是感性之直覺嗎？然則，姑不論此一詮釋對王心齋、王東崖、顏山農、何心隱等泰州諸君是否合適，若就羅近溪來說，這種說法是有待商榷的。依近溪：

> 今若說良知是個靈底，便苦苦去求他精明，殊不知要他精愈不精，要他明愈不明。若肯一切放下，坦坦蕩蕩，更無戚戚之懷也，無憧憧之擾。此卻是從虛上用功了。世豈有其體既虛，而其用不靈者哉？但此要力量大，又要見識廣，稍稍不倫，難以驟語。（《盱壇直詮》上卷，頁88）

蓋良知之首出義既非呈現於吾心而爲道德判斷之超越主體，此自非吾人之執持所能致者，故「要他精愈不精，要他明愈不明」，而顯現一工夫之弔詭性；反之，良知既只是一盈現天地之生生之幾，若能能放下道德判斷之執持，轉而順應此生生之機，工夫反而簡易直截。然則，所謂的「但此要力量大，又要見識廣，稍稍不倫，難以驟語」，就在此看似簡易直截之工夫進路中，卻蘊藏一高深之工夫問題。這涉及悟本體（存有）之高深工夫，即其所謂的「從虛上用功」。

　　如前文所述，在近溪「一以貫之」之教法背後，是預設一「悟後起修」

〔註21〕基本上，牟先生視此一境界即如佛教所謂之般若境界。有關牟先生所言「妙慧」之概念，參見其「以合目的性之原則爲審美判斷力之超越的原則之疑竇與商榷」一文，收錄於康德著，牟宗三譯，《判斷力批判》上冊，學生書局：民國81年10月初版。

〔註22〕有關梁漱溟對泰州學派詮釋立場之研究，參見〔日〕森紀子「王學的改觀及『生生』」一文，中國大陸：《寧波大學學報》人文版，頁8～13，1993年1月。

之兩段式工夫進路的。依此教法，其對本體之表示，並非指向陽明成聖歷程中與物對治之主體良知，而專以聖人圓頓境界爲表述之根據。在這意義下，此眞心一方面是清淨無染的；另一方面，此眞心卻又不離於當下感官知覺、意識而有之視聽言動，依其「心之精神之謂聖」，其中，感性、知覺、意識顯然是經過此眞心層層之轉化與通貫，眞正起作用的是此一眞心本體，感官、知覺只是隨順此眞心而爲其發用之憑藉，吾人亦可方便名之爲「純粹之知覺與意識」。若然，聖人境界之視聽言動，亦取得一超越之意涵。而所謂教法，正是聖人成聖後爲引導吾人成聖而有之施設。對現實中之凡夫而言，所謂的悟本體，即悟此聖人之圓頓義本體，亦即法聖。理論上說，若本體體證得眞、信得透徹，則此一生生之幾，並非如梁漱溟所認爲的本能義之感性直覺，而是一不離感官知覺之眞心本體。正如吾人於近溪光景論所述，此眞心只是一虛靈而生生之理，在明覺體證上，吾人任何執持於感官、知覺乃至吾心主體神識之體證方式，皆被判爲光景；反之，只有弔詭地全體放下，而順認此一遍現天地之生生之幾當下以應事，則舉手投足間、童子捧茶反而是道之顯現了。這裡，所謂的全體放下，實有其深一層之工夫意涵：

> 問：凡境工夫，縱熟無用，不知聖體工夫亦有生熟否？曰：有生熟而體段不同耳……。曰：工夫間斷與不間斷，果是聖凡分處。然聖凡相去不遠，亦惟在其見之善自方便焉耳。彼今天懇切用功者，往往只要心地明白與意思快活，及至才得明白快活時，俄頃之間又倏爾變幻，極其苦惱，不能自勝。若人於其變幻之際，急急回頭細看，前時明白者，今固恍惚矣；前時快活者，今固冷落矣。然其能俄頃變明白而爲恍惚，變快活而爲冷落，至神至速，此卻是個什麼東西？此個東西既時時在我，又何愁其不能變恍惚而爲明白、變冷落而爲快活也耶？故凡夫每以變幻而爲此心憂，聖人每以變幻而爲此心喜。（《明道論》，卷七，頁9～10）

> 問：尋常如何用工？曰：工夫豈有定法？某昨夜靜思，此身百年今已過多半。中間履歷，或憂戚苦惱，或順適忻喜，今皆窅然如一大夢。當時通身汗出，覺得苦者不必去苦，忻者不必去忻，終是同歸於盡。翻然再思，過去多半只是如此，則將來一半亦只是如此，通總百年都只如此，如此卻成一片好寬平世界也。或曰：聖人常言君子坦蕩蕩，恐亦於此處見得然。曰：果然果然。問者詰曰：然則喜怒哀樂皆可無

也？曰：喜怒哀樂原因感觸而形，故心如空谷，呼之則響，原非其本
有也。今只慮子心未必能坦蕩耳，若果坦蕩到極處，方可言未發之中，
又何患無中節之和耶？君子戒慎恐懼，正怕失了此個受用，無以位天
地育萬物本源也。(《明道論》，卷七，頁16～17)

這裡所謂的凡境與聖體工夫之別即前文「人之知」與「天之知」工夫進路之
分。依近溪，從本體論上說，盈天地間，既只是此一真心之充盈遍現；而真
心與妄心，聖凡亦只是一體之兩面，故皆當以聖體（悟本體）工夫為入道之
方。而聖凡之別亦只在其工夫之間斷與否。工夫不間斷，自能澈悟、覺知全
宇宙只是此唯一真心之充盈遍現；反之，若工夫不熟而有間斷，則真心不顯，
所謂「往往只要心地明白與意思快活，及至才得明白快活時，俄頃之間又倏
爾變幻」，即指此真心夾雜或隨俗情世間種種貪欲之執著，意念之執持、迷戀
等而起伏不顯，故「極其苦惱，不能自勝」。

　　然則，所謂「喜怒哀樂原因感觸而形，故心如空谷，呼之則響，原非其
本有也」，吾人心識俄頃間之由快活轉冷落、明白變恍惚，畢竟只是真心之隨
俗浮沈，其真體卻未嘗減損，故若能明白「此卻是個什麼東西」，此真心既分
毫不改而時時在我，自不愁其不能霎時間「變恍惚而為明白、變冷落而為快
活」了。凡夫未覺真心之靈妙，總以心識之變化攪擾為憂；聖人透悟真體，
知此心識之倏爾變遷只是真心之隨俗而不變，於此善加觀照，自能「覺得苦
者不必去苦，忻者不必去忻」，畢竟這一切喜怒哀樂之倏爾遷化「終是同歸於
盡」。人生實相本是如此，原不須於此起任何執著，亦容不得吾人一念之把抓。
此義一悟，自能全體放下而順任天機、真心。

　　基本上，這仍是一種剝落淨靜之悟本體或信本心之工夫。所謂「亦須一
切世情嗜欲休歇解脫，方能打拼精神，優游涵詠以圓活長養，乃得生惡可已」
(《明道論》，卷五，頁 8)，工夫勁道便是從此俗情世間之迷執中翻轉過來，
此即是聖人之田地：「如此卻成一片好寬平世界也」。究極來說，聖凡實只是
一體之兩面，其別亦只在能不能信得過此本心而放下而「安心」：

聖人者，常人而肯安心者也；常人者，聖人而不肯安心者也。故聖
人即是常人，以其自明，故即常人而名為聖人；常人本是聖人，因
其自昧，故本聖人而卒為常人矣，(《明道論》，卷七，頁18)

更進一步說，放下俗情世間之迷執而信任本心，乃當下以一弔詭之工夫而達
致者：

問群龍無首乃見天則，敢問天則必如何乃可得見也？子曰：據汝之
問，果欲見天則乎？曰：然。曰：若天則可以見而求，可以問而得，
則言語耳目各各用事，群龍皆有首矣，寧不愈求而愈不可得也耶？
蓋易之象，原出自文王，詩之頌文王也，必曰：不識不知，順帝之
則。又曰：無然畔援，無然歆羨，誕先登於岸。其所謂畔援歆羨者，
豈皆如世之富貴外物哉，即汝曹今日欲求見天則之心也。故道岸之
登不難，而歆羨之忘實難；帝則之順不難，而知識之泯實難。曰：
若然，則吾將言語知識俱不用之可乎？曰：即此不用之心與求見之
心，又何所分別乎？（《盱壇直詮》上卷，頁65～66）

蓋天則只是一靈明之生幾，所謂「群龍無首乃見天則」，正是一種以「遮詮式」
之詭辭語言姑且表述此天心本體，以示其本身乃超越任何經驗及語言文字之
表述範圍。所謂「天莫之為而為，莫之致而至者也；聖則不思而自得，不勉
而自中者也」（《盱壇直詮》上卷，頁62），在敬順天命或希聖希天而與之「打
對同」的工夫要求下，「不識不知，順帝之則」等詭辭語言，顯然與所謂工夫
化境無關，而只是遮撥地表述與天「打對同」意義下之工夫進路。蓋物欲、
經驗上之知識、聞見等皆是障道之物，〔註23〕所謂的全體放下，即這種弔詭
之般若工夫，正是前文所謂對境不執不離之觀照或默視工夫，具有破邪顯正、
去除迷執之工夫勁道；同時，所謂的悟本體或法聖工夫，亦先透過此弔詭之
般若工夫而達致。

若然，所謂「既無作好，亦無作惡，則性善之中，任其優游。造化之內，
亦從其出入矣。」（《盱壇直詮》上卷，頁78～79），透過此般若之弔詭工夫而
頓悟本體，首先顯現的正是一種優游涵詠、與天地渾為一體之美學境界。此
一境界並不須如前述陽明之致良知工夫純熟始可言之，亦非如牟先生之將情
提升至「形上之覺情」之「妙慧」境界。然則，相較於王心齋父子之擅言樂，
近溪對此一美學境界並不強調其「樂」之意涵；反之：

問：如何用力，方能得心地快樂？曰：心地原只平等，故用力亦須
輕省。蓋此理在人，雖是本自具足，然非形象可拘。所謂樂者，只
是無愁。若以忻喜為樂，則必不可久而不樂亦隨之矣。所謂得者，

〔註23〕近溪曰：「故嘗謂人之不悟，蔽於物欲者固多，而迷於聞見者不少。苟非遇先
知先覺之人為之說破，縱教聰慧過顏閔，果然莫可強猜也」（《盱壇直詮》上
卷，頁64～65）。

只無失是也。若以景界爲得，必不可久而不得隨之矣。(《明道論》，
卷四，頁 19)

今諸君胸中著得個廣大，即粗而不精矣；目中見有個廣大，便顯而
不微矣。若道性命透徹之地，工夫純熟之時，則終日中年常是簡簡
淡淡、溫溫醇醇，未嘗不廣大而未嘗廣大；未嘗廣大而實未嘗不廣
大。是則無窮無盡而極其廣大，亦無方無體而極其精微也。(《明道
論》，卷六，頁 4)

「心地原是平等」，正從存有論上點出此絕對之眞心超越於俗情世間萬法之相對
性，此心既原是平等，則其境界之顯現原亦無所謂樂與得之可言，蓋有所得與
樂，則示此心尚有所執滯；反之，所謂的「無愁、無失」，正是前述之「坦坦蕩
蕩，更無戚戚之懷」之境，而「簡簡淡淡、溫溫醇醇」，更是一種極高明而道中
庸之弔詭（美學）境界，這正是經由前述對境不執不離之觀照工夫而有之境界
顯現。一般所謂的近溪之擅言平常、自然，正是這種意義下之美學境界，事實
上，這只是近溪道德實踐歷程之起點（悟存有）。所謂的「廣大時以廣大應，精
微時以精微應，廣大精微合時便合廣大精微而應之也」(《明道論》，卷六，頁4)，
由這種「極廣大而盡精微」之美學境界以「應事」：實落於倫理實踐，則是其哲
學之終極趨向。當然，如本章第一節光景論所述，欲由此一美學境界而實落於
倫理實踐，仍須一艱苦之破光景工夫。畢竟，依近溪光景論之判準，若徒沈溺
於此美學境界而不實落於倫理實踐，也只是一待破除之光景。

　　依牟宗三先生之分判，儒學中之美學境界基本上是一種道體流行（化境）
之表示，就像釋道式之放任自然、不造作、不計執之境，此只是儒釋道三家
之「共法」。也就是說，這是儒者工夫純熟後自然境界之呈現，是儒家義理自
涵之理境，原無待於假借釋道二家工夫系統而然。當然，從陽明式之致良知
工夫系統說，這一分判當是無可置疑的。

　　基本上，就佛教之發展而言，無論大小乘，「緣起性空」這一基本義理是不
可違背的。即萬法總是在一緣起緣滅中而無法維持其自性，即使是其後大乘佛
教眞常心系之盛言如來藏緣起，表面上看似亦維持住一存有論上「體」之概念，
然則，究極而言，如來藏心之「體」仍只是一權說之概念，蓋當成佛法身德顯
現時，此一體之意義即告消解，而能維持其緣起性空之實相。〔註24〕而儒家本

〔註24〕這裡有關佛教「體」之概念之論斷，引自謝大寧先生「般若之兩種論式：以
　　　　龍樹四句和智者四句爲例」一文，頁32～33，《國立中正大學學報》第五卷第

體論之表述內涵，其有別於佛教處就是其「於穆不已之體」之概念。依陽明，其既以道德主體義之良知天理作爲其本體論之主要內涵，此一實有義之體之概念是相當清楚的，足以從根源處維持住儒佛之辨；再者，依其逆覺體證而致良知天理於事事物物之工夫論系統，即使工夫純熟而言一弔詭之境界，自可視爲應有之理境而非必來自佛教。

然依近溪，即使其不依道德義之良知天理作爲本體論之首出義，轉而以一非主體義之生生之幾作爲本體論之主要內容。但誠如本文第三章所述，其本於「生生之謂易」所建立之體用一源及萬物一體之存有論表示，對於實有義生生本體之體證，與佛教緣起性空之存有論原則仍有本質上之差異。〔註25〕然而，其本體論與工夫進路既有別於陽明，且此一弔詭之美學境界亦非從化境說，而只是入道之首功，在這意義上，我們是否可以說，即使在本體論內涵之表述上，近溪仍保住儒門之風範，但在工夫或作用層上，曾受到佛教相當程度之影響呢？

二、近溪哲學與華嚴理境

這方面，古清美先生在其「羅近溪打破光景義之疏釋及其與佛教思想之交涉」一文中，即明白表示這種立場。基本上，古先生透過近溪思想與佛教大乘真常心系如《圓覺經》、《楞嚴經》、《大乘起信論》等重要經典，指出近溪在作用層上之破光景論與佛教有密切之關連。〔註26〕如前所述，盈天地間既只是此一真心本體，所謂的光景，乃此真心一時迷而不覺，故「依真起妄，以妄爲真」而起的；而光景之破除，亦只是此心由迷返覺而「破妄顯真，全妄即真」之當下工夫，即所謂的「天德出寧，造作俱廢」之說。質言之，破光景之焦點便落在真心與妄心之辨上。這方面，古文從近溪思路與工夫進路上，歷歷指證其受上述大乘佛經之影響，顯非無的放矢。更進一步說，我們認爲，無論就存有論之表述模式與教法程序，近溪哲學與大乘佛學華嚴宗實

一期（人文分冊），民國 83 年 10 月。

〔註25〕當然，近溪既肯認天地萬物既皆在此生機之生化中，且排除任何主體義之表述方式，在形式上，這和佛教依緣起性空之存有論表述方式是有幾分類似的。因此，前述黃宗羲之誤解其未見「劃一」，徒見氣機之鼓盪也是其來有自的。

〔註26〕請參見古清美：〈羅近溪「打破光景」義之疏釋及其與佛教思想之交涉〉一文，收錄於《佛教的思想與文化：印順導師八秩晉六壽慶論文集》一書，釋聖嚴等人編，法光出版社：民國 80 年出版。

有異曲同工之妙。如〔唐〕李通玄在其《略釋新華嚴經修行次第決疑論》開宗明義即說：

> 夫《大方廣佛華嚴經》者，是一乘者，是一乘圓教佛果之門。佛果者，體無成壞，以化眾生故，示現自成正覺之樣，舉五位因果，及攝化境界，報得莊嚴，示與後人，令其發志依法做學，令修行者所歸不疑。〔註27〕

此一佛果，即毘盧遮那與華藏莊嚴世界海，誠如印順法師所說的，他們代表了「華嚴法門」之特色：「圓滿的、最清淨的佛與佛土，作為學佛者仰望的理想；然後發心，修菩薩行；成就不思議的佛功德」。〔註28〕而「佛果者，體無成壞」，基本上，此一不可思議之佛果境界是不可說而眾生亦不可知的。然所謂的「緣起因分，則普賢境界也」，在佛同體大悲之運化下，乃轉就因地之普賢境界而說種種法，此即形成華嚴宗所倡言之「法界緣起」，故能示後人依法修行之憑依；然則，其法界緣起之種種玄談，實只是就「佛在定中之倒映其因地所歷別緣修之種種法而言，由此而說之緣起自然恆只是清淨之緣起，因他是由佛界所起現，只不過假普賢之因地而說而已」。〔註29〕對照之下，這和前文所述，近溪之所謂教，是大聖人修道成全後為教化眾生而有之施設，其精神是一致的。蓋聖人化境本是神不可測的，然聖之為聖，畢竟有一「志學、而立、不惑、知天命」等修行成聖之歷程，其所一再強調之法聖，即以聖人成學之經歷為吾人發志依法做學之根據。〔註30〕

　　至就存有論之表述上，誠如近溪一再強調的，所謂「天命之謂性」，乃聖人五十知天命後之表示，而其種種之存有論表示，亦以聖人境界為依歸，並視《易傳》、《大學》、《中庸》等儒門經典為孔子所親作，為聖人一生精神之所在，這和《華嚴經》依法界緣起所說的「華藏莊嚴世界海」，實有異曲同工

〔註27〕見李通玄《略釋新華嚴經修行次第決疑論》卷一之上，頁1。大乘精舍印經處印行，民國84年1月出版。

〔註28〕見印順法師《初期大乘佛教之起源與開展》，頁1026，正聞出版社：民國83年7月七版。

〔註29〕這裡之論斷，引自謝大寧先生「試析華嚴法界緣起」一文，頁62～63，《國立中正大學學報》第一卷第一期（人文分冊），民國79年9月。

〔註30〕近溪曰：「學是學為孔子，則吾人凡事皆當以孔子為……以此個的確規模，十五則決要志學，三十則決要立，四十則決要不惑，五十六七十莫不皆然，方纔謂之學有成法，五更半夜常以此去自考，便又謂之默而識之之成法也。」（《盱壇直詮》上卷，五十八至五十九）。

之妙。此「華藏莊嚴世界海」，實即佛之「化土」，其既爲諸佛歷劫修行所莊嚴者，自亦屬清淨無染之淨土。〔註31〕當然，對眾生而言，佛之華藏莊嚴世界海乃一不思議境界、淨土，因而，在教法上，華嚴更強調信之重要意義。此信，非但「自信」其如來藏自信清淨心，且「信他」：佛所成之不思議境界。這和近溪一再強調的「信」與「願」（志氣）之不思議力量：非只如王龍溪之信本心一點靈明，且信聖人神不可測之圓頓境界是人人可達致者，實亦不無妙合之處。

至就教法次第而言，其所強調的「根稍分得兩頭，果子貫通一脈」而本末一貫之教法，及前文所謂的，以果地良知作爲作爲因地起修之根據等精神，和《華嚴經》「初發心功德品」（第十七）所謂的「初發心時，便成正覺」等說法，實亦不謀而和。〔註32〕

若我們肯認，在教法形式上，近溪哲學與華嚴之連繫並非無意義之聯想，則當有助於澄清學者對近溪哲學之誤解，並進而凸顯其理境之哲學意涵。

首先，學者或謂近溪哲學不立理論，因而亦無教法次第，只爲一「指點式之教法」。對這一點，牟宗三先生的說法，前文已論及，茲不贅。青年學者黃淑齡則從心學發展與光景論之角度，亦力主此說：

> 心學一直發展，直到不立理論的地步，此時高明者固不得再賣玄機，然此種禁立理論之心學，除非走向宗教，發展成一種神祕主義或信仰，他們本來就是以「神祕難以言解」，或「只問虔信，不務理解」爲宗，所以不至於再理論上產生問題，而在規範上，它們也可以在不須提出理據說明的前提下，以乎道德的教規來規範徒眾。若是心學不向這些方向發展，而要「以聖學爲依」、「與百姓結合」，成爲一套教化的倫理學，就會發生困難重重。首先，因爲它不立理論所以必無教化程序可言；再者，因爲它無判準，所以也沒有仲裁可言。基本上，它完全是指點式的教化。在教法上，無疑是回到陽明之前，陸象山、陳白沙式的提示法，然而陸、陳尚有「大」者可立、有「靜」中可養，現在則全然拆除，剩餘者，大概只有聖凡之別之的一「悟」，

〔註31〕見印順法師《初期大乘佛教之起源與開展》，頁 1034，正聞出版社：民國 83年 7 月七版。又《華嚴經》亦言：「此華藏莊嚴世界海，是毘盧遮那如來，往昔於世界海微塵數劫修菩薩行時，一一劫中，親近世界海微塵數佛，一一佛所淨修世界海微塵數大願之所嚴淨」

〔註32〕相關闡釋見李通玄《略釋新華嚴經修行次第決疑論》卷一之上，頁 12。

但唯一可監督質疑此「悟」的光景論又已不立，莫怪乎心學發展到
一切理論皆不立的時候，也註定要走下坡了。〔註33〕

在黃文精微、犀利之分判中，近溪哲學理境之關鍵問題已隱然浮現。基本上，
我們認為，近溪哲學若不從信仰式之宗教立場加以理解，則它是難逃上述黃
文之批判的。因此，問題關鍵便在，近溪哲學可不可以從宗教信仰之角度來
加以詮釋。黃文之立場似乎是否定的，因為它一直是以倫理學思考與光景論
之角度來析判，顯然沒有注意到近溪存有論上之特殊表述模式。當然，若從
宗教儀式面看，包括近溪在內之儒者，並沒有發展一套如佛教式之儀禮修行
教法。但依當代學者之見，儒家之本質，仍是一種「宗教」：儒教，而非純是
一套倫理學。蓋宗教之為宗教，無論其形態為何，主要存乎一種對超越界（天
或佛等）之信仰態度，此即所謂「宗教精神」之呈現。〔註34〕透過上述與華
嚴教法之對照，近溪哲學中這種「宗教精神」是相當凸顯的。或許，我們可
以說，雖然尚未完備，但近溪整套哲學努力的方向便是要把儒學帶往更具宗
教信仰意義之道路發展，並與百姓日用結合起來。若然，說它不立理論，沒
有教法次第，顯然非公允之論。

　　依黃文，近溪之所謂「心」，在存有論上只是一物我不分之生生之幾，在
作用層上亦只擔負「明覺體證」一事。此心既只是一生機而不可指陳，則凡
依主體體證而生之道德規範、神解、神識等皆被視為為光景而慘遭拆除之命
運，剩下的只有順認生機一途。基本上，我們同意黃文這一論斷。但依黃文
之思路，近溪破除光景後，其倫理秩序建立的方式，乃不同於其先前心學家
之「知性思惟方式」，而是訴諸「感性的經驗」，順此，近溪眾多弔詭語言所
表示的境界，也是一種「不思之思」之「感性思維」。黃文同時指出，其本體
既是一生機流行，其明覺也只是一感性思惟之「妙應體認」，因此，倘若某人

〔註33〕見黃淑齡《明代心學中「光景論」的發展研究》，頁74。台大中文研究所碩士
　　　　論文：民國84年6月。
〔註34〕有關儒家作為一「宗教」而非「理論」或「主義」之說法，牟宗三先生說：「凡
　　　　可以成教而為人人所接受而不能悖者，必非某某主義與理論（學說 theory），
　　　　亦必足以為日常生活之軌道，由之以印證並肯定一真善美之『神性之實』，即
　　　　印證並肯定一使人向上而不陷溺之『價值之源』。非某某主義與理論，此言其
　　　　普遍性與定然性。即就人文教而言之，儒家所肯定而護持之人性，人道，人
　　　　倫，並非一主義與理論。此是一定然之事實。即就其為定然之事實而言其普
　　　　遍性與定然性」。見牟先生「人文主義與宗教」一文，頁73，《生命的學問》，
　　　　三民書局：民國60年6月再版。

「以欲爲理」，亦即假借體認生機爲名，而恣意認性明覺之作用，近溪將無以爲應。亦即，他只注意到心識炯炯光景之破除，而未顧及「欲念橫恣」之光景。〔註35〕簡言之，近溪哲學是「只破不立」的。

　　視近溪之明覺體證爲一經驗義之感性思惟，正如前述梁漱溟先生之以「本能直覺」詮釋生生之幾，前文已指出其謬。再者，在存有論上，近溪固肯認此生機遍及天地萬物，但理論上，所謂「夫形體雖顯而其質滯礙，大心雖隱而其用圓通」（《盱壇直詮》上卷，頁118～119），分析地說，此心與形物間是有圓通與滯礙程度之別。在工夫上，所謂的「血肉都是重滯」，純任生理官能之欲，其生幾自短暫而不顯；反之，所謂的「從虛上用功」，生幾自久遠、顯發。若其體證不切，混私欲爲純理，必顯一執持相，自可以光景判之。吾人若對照於上述華嚴教法觀之，此唯一真心本即「隨緣不變，不變隨緣」，非屬形色又不離形器世間，而欲之爲欲亦只是真心一時迷而不覺而顯之迷執相，欲本不離於真心。欲固被判爲光景，但卻不待另一套「對治」工夫，蓋光景本是虛幻之物，若真心（般若覺照）顯發，光景自除。當然，這非如陽明天理、人欲超越區分般之明確俐落，此一理境自是精微難辨，非利根者實難以企之，但這仍是「人病」而非「法病」。

　　若我們再對照於華嚴宗之精神，此一理境當可進一步抉發。正如李通玄所言：

> 於信心中，常起如是願。於一切眾生，敬之如佛。爲一切眾生，以如佛智慧，而作生因，總是佛智海眾生。若也迷解，不見始成佛，不見眾生滅，以法無增減故。智無成壞，但爲迷悟不同。若也迷解時，不見新成佛，不見舊眾生，以智無故無新故。觀一切眾生如幻相，體無本末，猶如幻化人，無有根栽生死等相，但以無依本智而作分別，令見真體，不見是而與非，各入佛知見。是故經云：「是法住法位，世間相常住」。諸法住法位，方可於自心境，體會無塵。若也存是立非，情見紛擾，何時入道。〔註36〕

從存有論上說：「佛心、眾生心，乃至自心，三心無差別」。從現實上看，佛與眾生固是有別；若從佛境看，一切眾生畢竟成佛，三心無差別。蓋依華嚴，一切眾生於因地若信、願足：「初發心，已契根本智（本覺）」，則畢竟將成佛：

〔註35〕黃淑齡《明代心學中「光景論」的發展研究》，頁68～69。
〔註36〕見李通玄《略釋新華嚴經修行次第決疑論》卷一之上，頁73～74。

「總是佛智海眾生」。因此，教法上有所謂「於一切眾生，敬之如佛」之說。蓋修行者若信願足而契入根本智（佛智），即同佛境，以佛境觀眾生，眾生亦莫非佛。基本上，這是依一理想主義之精神而對此世界之一積極肯定。依此精神看，眾生與佛之別畢竟只在一念迷悟間而已。萬法既皆從佛法身之法界緣起說而萬古如新，則即使眾生皆成佛，於法亦實無增減；眾生智既本是佛智，則即使成佛，此智亦無增減。

　　對照之下，我們似乎也可以說，近溪哲學之根本精神正也是奠基在這種理想主義上的。蓋所謂「仲尼以萬世為了土，為萬民立了命」（《明道論》，卷七，頁 12），在教法上，正如佛之教化般，聖人已為萬世萬民立下了不變之根基，此法當然是最圓融、究竟的。因而在存有論上亦不強調理氣之超越區分，而視此世界為一生生不已渾全之整體。道德實踐之根本前提乃先透過信願與默視工夫而悟存有（萬物一體），此萬物一體精神之具體呈現則是依聖人之境界，無分別地對一切凡夫敬之如「聖人」。依此精神看，聖凡亦只在迷悟一念之間而已，因而，亦不待私欲之克除淨盡、「存是立非」，始可言致良知；反之，若能「不見是而與非」而悟得與萬物渾為一體之果地良知（根本智、本覺），並以赤字之心而將之實落為孝弟慈等倫理實踐，則能不離世間相而證聖法，超凡入聖亦於此心不增不減，蓋盈天地間終究只是此唯一真心之生生不已而起萬法。其所謂的「心地只是平等」、「我只平平」、「我於塵事不著一毫，此心廓然矣」〔註37〕等之言，正是此義。而近溪臨終前之話語：「此道炳然宇宙，不待言說，古今自直達也。後來見之不到，往往執諸言詮。善求者一切放下，胸中更有何物可有耶！願同志共無惑焉！無惑焉！」，〔註38〕正是此道最佳之見證者！

〔註37〕見《盱壇直詮》下卷，頁 277。
〔註38〕見《盱壇直詮》下卷，頁 58～59。

結論：本文之回顧與評論

一、全文之回顧

茲將本文主要之綱領與結論簡要重述如下：

本文第一章第一節指出，在心即理之理論架構下，陽明是以道德主體性意義下吾心之明覺感應來指稱良知，並將良知聯繫於客觀意義之天理。並透過身、心、意、知、物之超越分解，構成工夫系統之整體環節，而其工夫之主腦便在致（推致、充擴）此「良知之天理」於事事物物上。同時，在工夫進層上，陽明亦因聖、賢、愚三者資稟不同、本體受用程度有別，而肯認現實上，工夫上有生知、學知、困知三層工夫境界之別，但其皆能成聖則同。第二節則指出泰州學派王心齋早期思想固依附於陽明之義理軌範下，但自晚期提出「淮南格物論」後，已漸離陽明學而自備一格。而在其安身格物論之義理架構下，作為陽明內聖（修身）工夫意義下，良知天理超越的主體性已漸告滑落，取而代之的是一種強調群己關聯、類似「互為主體性」意義下之社會倫理原理。其晚年更將這種倫理原則推擴為「百姓日用是道」這一主張，這也便成為其後泰州學派之根本精神。羅近溪哲學便在這種特殊時代氛圍下應運而生。

第二章第一節論近溪之成學歷程，首先指出，其早年即對生命問題即有一存在感受問題，其為學亦因之而指向一「實踐進路」之關懷。在早期懲欲、靜坐觀心工夫失敗後，受教於泰州學派顏山農解悟「體仁不制欲」之工夫進路，其後學《易》於胡宗正而證悟宇宙之道，最後則關鍵性地澈悟「全體放下」之道，並形成其特殊之為學取向。第二節首先指出近溪「不契」於陽明

學原因之一，乃在其認爲陽明良知學之理論分解實有不實落於「倫理實踐」之危機在，故轉從實踐之取向以解良知。於此，我們指出，相較於陽明之以超越分解意義下之道德主體言良知（良知相對面目），近溪則提出「良知本來面目」這一概念，來指稱良知徹底顯現之境界。同時，此一境界並不須如陽明教法般，須經歷對治工夫始可言之，而是吾人當下即可「澈悟」而達致者。順此，近溪區分了「天之知」（澈悟）與「人之知」（漸修）兩種不同之工夫進路，並以澈悟意義下之「天之知」作爲工夫之主腦，並與泰州學派之「百姓日用是道」這命題取得實踐意義上之聯繫。

第三章第一節中，我們首先透過近溪對程明道「一本論」之特殊詮釋，追溯其本體論之歷史淵源；順而指出，雖然根本精神相似，但牟宗三先生在理氣超越區分架構下，純由吾人道德實踐證入之「本體宇宙論」模型，並不全然符合近溪「聖人因道設教」意義下之「宇宙本體論」表述模式。第二節則再對比於陽明之本體論，指出近溪所體證之「心」，其原初義並非陽明意義下之超越的道德主體，而只是一充盈天地間之「生生之理」，故當下即擔負存有論之意義；並指出，近溪之言萬物一體實可分從存有論與道德（價值）實踐意義上說，蓋順其天心與人心之分，所謂的「心外無物」，正是近溪存有論上（天心）表述起點，而非必是道德化境之語言表述。第三節則順此心之特殊存有論意義，指出其理氣圓融之論。依近溪，雖然心、物間有生與不生存有層級之別，但在盈天漫地間皆一氣之運化而充塞兩間之特殊意義下，所謂的乾坤與陰陽亦皆只是「一體之兩面」而已。第四節則再順此理氣圓融論詮釋其所謂「心之精神之謂聖」說，指出吾心因其感通與層層轉化作用之不同，而有某些境界層級之別，但視「心之精神之謂聖」爲此心之大用之顯現。第五節則指出，依上述本體論諸義，其所謂的天命之性與氣質之性別，亦只在吾人「知與不知」而已，若眞知得而敢率之而行，則氣質之性當下即轉爲天命，其百姓日用是道即奠基於此一理論基礎下。

第四章第一節，我們首先指出，相較於陽明以吾人修道歷程之方法而言教，近溪則以大聖人修道成全爲教化眾人而有之「施設」以言教：大人之教。依其「知性爲先，盡性爲後」之兩段式教法（悟存有以言道德），「自然」反成爲其工夫之最先入手處，其理論根據則是他將陽明超越的良知主體，轉換爲「赤子之心即是天命」；在《大學》工夫展開之分解上，近溪承王心齋之淮南格物論，亦與陽明大異其趣。第二節我們指出近溪強調信、悟、默識（觀

照）作為其悟存有之根本工夫。信與悟係一體之兩面，信之意義非只是主體良知之一點靈明，而是信從聖人理事圓融境界以為入道之功。默識則類乎大乘佛學中對境不執不離之觀照工夫以言一美學境界，並通乎道德實踐。第三節在道德實踐（內聖）工夫上，近溪強調慎獨與克己復禮。首先，其由前述對境不執不離之默識工夫以言慎獨，故不須去欲即可體仁。再者，其所謂慎獨，亦非如陽明之從良知獨體本身以言戒慎恐懼，而是轉從一種「戒」之先天工夫意義下，強調對天命之敬畏，以避免從主體良知言工夫時可能忽略天命之弊。而天命既只是一生生之理，則所謂的「為善去惡」亦不須先從道德是非之判斷以言之；反之，放下道德判斷之與物對治相：全體放下，轉從一與物渾淪順適之美學境界以體認生機，再實落於倫理實踐乃其工夫論之主要特色。至於道德規範任務則轉由對法聖崇禮以承擔之。蓋禮出自天則，透過克己（能己）復禮之悟道工夫，自能黃中通理，處處時中了。第四節則指出，孝弟慈之倫理實踐實乃近溪工夫之實落處。蓋既言百姓日用是道，且天機、人事原非有二，孝弟慈實乃最親切、最易實落之倫理實踐，由此亦見吾人生命之能自其自然氣性中而有一超越之道，以上契宇宙生生之幾。

第五章旨在探討近溪之「破光景論」、及其論學旨趣與特殊風格。首先我們據學者之研究指出，「破光景論」固為近溪所重視，但它實為明代心學中各心學家據以檢證或監督他人對本體明覺體證真偽問題之論說，且具有破妄顯真之意義。而近溪所體證之本體乃只是一非主體義之「生生之幾」，據此，凡「執著」於任何主體形式（人之知：知覺、意念、神識、靈明等）之本體體證方式，皆被判為光景，故光景論乃涉及工夫進路問題；反之，若依其「天之知」（悟本體）與「人之知」（倫理實踐）並歸一路之工夫進路，原亦無所謂光景之待破除。蓋光景原只是虛妄之物，悟得本體，光景自破。故所謂破光景即是一「破邪顯正」（去除執著）之工夫，而其根據則在此天心知體所顯之「不執不離」（默識）作用。其次，我們一一檢視歷來學者對近溪論學旨趣與特殊風格諸說，指出近溪學雖非只順陽明學義理軌範而專言破光景，亦非只落在陰陽氣化邊而未見劃一之性或作用見性，亦非只淪為法聖崇禮意義下之倫理教條；反之，彼雖主百姓日用是道，且不重良知知是知非之義，卻依然有其超越之工夫勁道，此即先重一極高明而道中庸之美學境界，並透過光景之破除，而指向一日用倫理實踐之路，以成其特殊學風。最後，我們透過其與大乘佛教華嚴宗之對比，指出兩者教法形式、根本精神之類似性，試圖

建構近溪大人之教之理論體系，並抉發其特殊之理境。在這種意義上，我們認爲近溪學可被視爲儒學「華嚴精神」之進一步發展，我們即以此一精神總結近溪哲學之理境。

二、評論：近溪哲學之限制

前文之論述大抵重在證成近溪哲學體系之圓融性與其成立之積極意義，下文將就再對照於陽明學及泰州學派之發展，對近溪哲學本身之限制作一扼要之評述，以爲本文之結束。

首先，依陽明心即理之說，所謂的理主要是由作爲主體性之吾心所發出的，而理之爲理，也不是一種教條式的道德規箴；反之，此理之爲理，既訴諸主體之體證或明覺，而非如朱子之客觀定理，而在吾心一體之仁之要求下，此理自有其存有論上活潑之精神興發。同時，既肯定良知人人本具，它當然也要求不分聖賢愚皆得以自覺地承擔此理而起道德實踐。但是，誠如陽明所謂的「求之於心而非者，雖其言出之於孔子，不敢以爲是也」（《傳習錄》，答羅整菴少宰書），姑不論陽明所提供之致良知教法如何嚴密完備，欲以主體性承擔此一任務，得需要多大的勇氣與毅力。而泰州學派作爲儒學普世化之運動，面對的更是一般平民百姓，如何在理論上，使儒學走向眞正的「簡易」之學，乃必然要面對之課題。

依近溪，所謂的「先知覺後知、先覺覺後覺」，倫理實踐之必然保證，與其說是訴諸主體性之承擔，毋寧說是賴於先知或聖人之「教化」，因此，前文所述，學者指出近溪後學之往所謂「述聖之學」之路發展，亦非無義理之根據。然欲使此一教化不淪爲僵固之教條而保持其興發之活力，本體論問題仍是無可逃避的。這方面，近溪透過「聖人因道立教」之本體論表述模式，將存有論上萬物一體之仁，與「百姓日用是道」結合起來，若然，作爲吾人倫理實踐道場之現實世界，其存在本身即是生幾充盈的：賦予此現實世界一合理化之根據，若「知」得百姓日用是道，吾人孝弟慈等倫理實踐本身即具存有論意義。因此，在教法上，近溪並不須強調主體性良知之自覺或批判；反之，現實上愚夫愚婦本具之「赤子之心」即是吾人倫理實踐之根本動力，甚至它就是倫理價值本身。

然則，在現實層面上，社會中既成的孝弟慈等之理終究是有其僵固之一面，甚且對吾人之倫理實踐造成束縛；再者，泰州學派之儒學運動，基本上並非在

政治體制內進行的。因此，儘管在理論上我們可以理想主義式地賦予孝弟慈存有論之意義，甚至對現實採取某種「圓融地觀照」或與之「通融」之立場，但落之於實際運作層面上，這種理想主義的認定能發揮多大的功效，仍是有疑問的，甚至，它仍不得不受縛於現實上孝弟慈等既成之理所生之流弊。

其次，如前所述，近溪之詮釋「大人不失其赤子之心」，並非如陽明或龍溪之依於良知天理之根本內涵，而與良知天理之流行（即道德化境）有密切之關連；反之，所謂「赤子之心自能做得大人」，只是就「形式上」吾人當下「一念初心」之呈現而言，此一「真心」（赤子之心）之首出義並不必然地具有道德內涵的，〔註1〕亦即，在內涵上，近溪之盛言赤子之心即是天命，依然是付出「滑落」陽明道德天理之代價的。儘管如此，如前文所述，在理論體系上，近溪仍可保持此真心之形上意涵而證成倫理實踐之超越性意涵。但就泰州學派後來之發展看，良知天理之滑落，無疑啟開道德實踐超越義殞落之先聲。如其後李卓吾（西元 1567～1602）之盛言「童心說」，一方面固是以此真心或赤子之心之當下、平常、自在性，與生生不已之人性論意涵為根據，另一方面，卻是捨棄二者所具之形上意涵為代價的。〔註2〕

再者，順此良知天理超越義滑落所衍生的，便是「欲」的問題。依陽明，其主體性良知批判精神之實落，於面對現實社會秩序或倫理規範外，更重要的是對吾人生理自然層面（欲衍生處）之深刻省察與對治，亦即，天理與人欲間是一超越之對治關係，唯有對私慾克除淨盡始可言天理之自然呈現，陽明對此是持高度警覺性的，甚至，其整套嚴密的致良知工夫體系，主要面對的就是這一問題。當然，近溪也不是不知道混欲為真之問題。但依其悟存有以言道德之兩段式教法，對欲「轉化」之任務乃訴諸於一種剝落淨盡之「澈悟存有」（默視）工夫，理論上，只要悟得真，則此一觀照工夫即可貫穿於道德實踐之整體歷程，因此，所謂「吾此形色即是天性」，氣質之性即反轉為天命，原無所謂欲的問題，亦即，天理與人欲間之對治關係終究不是顯豁的。

〔註1〕日本學者溝口雄三認為近溪之赤子之心或李卓吾之童心說，基本上皆偏重於良知之「形式理論」（即其當下性或立即性），但遺落道德義良知天理之實質內涵。基本上本文同意這一論段。但本文認為，就實踐上來說，近溪之破光景論判準仍可保住此赤子之心實落於倫理實踐，只是其首出義非道德天理而已。見氏著，林右崇譯《中國前近代思想的演變》，第一章附節「童心說及相關問題」，國立編譯館：民國83年。

〔註2〕這裡的論斷參見同註1，頁97。

理論上，證諸大乘佛學之發展，這一教法當然也是可以成立的。但落之於實踐上，「混欲爲眞」之威脅畢竟存在的，當時，王龍溪即對近溪頗有微詞：

> 近溪之學已得其大，轉機亦圓，自謂無所滯矣。然尚未離見在，雖云全體放下，亦從見上承當過來，到毀譽利害，眞境相逼，尚不免有動，他卻將動處亦把作眞性籠罩過去，認作煩惱即菩提，與吾儒盡精微，時時緝熙功夫尚隔一層，此須睹體相觀，非可以口舌爭也。

〔註3〕

這裡，姑不論近溪本身是否有此「人病」。所謂「認作煩惱即菩提」，實是近溪學落於實踐時最易衍生之弊，其後劉蕺山「情識而肆」之批評顯非無的放矢。蓋純從法上來說，誠如龍溪所謂的「近溪之學已得其大，轉機亦圓，自謂無所滯矣」，依其聖人因道立教之華嚴式教法，當然是圓融無礙的。但正如其後周海門所說的：「近溪子之語須上根方能領略，中下根人輳泊不易」，〔註4〕現實上，上根者畢竟是少數，而芸芸眾生仍處於迷執中，若缺乏一套具體有效而循序漸進之對治工夫，則法上之圓融，並不足以救治現實上百姓之弊。近溪學原是爲百姓日用而立，卻發展成如此境界，可能是其所始料未及的。若然，吾人若欲使儒學普及化，又欲保住其根本精神，則當另闢蹊徑了。

〔註3〕見《王龍溪全集》，卷四，留都會紀。華文出版社：民國59年。
〔註4〕見周海門《東越證學錄》，卷一，南都會語。

主要參考書目

一、古籍類

1. 《盱江羅近溪先生全集》，羅近溪著，〔明〕萬曆四十六年戊午劉一坤浙江刊本，藏中央圖書館善本微卷。

2. 《盱壇直詮》，羅近溪著，廣文書局，民國 80 年 111 月三版。

3. 《盱壇直詮》，羅近溪著，中國子學名著集成珍本初編四十四，儒家子部，中國子學名著集成編輯委員會印行，民國 67 年。

4. 《羅近溪先生明道錄》，羅近溪著，廣文書局影印和刻近世漢籍叢刊本。民國 76 年 10 月初版。

5. 《羅近溪全集抄》，羅近溪著，見《陽明學大系第六卷．陽明門下（中）》，東京：明德出版社，昭和四十八年出版。

6. 《周易古經今注》，高亨著。

7. 《周易集註》，〔宋〕朱熹註。

8. 《四書讀本》，〔宋〕朱熹集註，蔣伯潛廣解，啓明書局版。

9. 《大學義理疏解》，岑溢成著，台灣省民政廳：民國 74 年 6 月版。

10. 《孟子義理疏解》，楊祖漢等著，台灣省民政廳：民國 71 年 8 月版。

11. 《張載集》，〔宋〕張載著，漢京文化事業公司：民國 72 年 9 月初版。

12. 《二程集》，〔宋〕程明道、程伊川著，漢京文化事業公司：民國 72 年 9 月初版。

13. 《明儒學案》，〔明〕黃宗羲著，世界書局：民國 81 年 5 月五版。

14. 《王陽明傳習錄詳註集評》，〔明〕王陽明原著，陳榮捷編著，學生書局：民國 77 年 2 月修訂再版。

15. 《王陽明全書》，正中書局：民國 68 年 10 月台六版。

16. 《王龍溪全集》，〔明〕王龍溪著，華文書局：民國 59 年出版。

17. 《王龍溪語錄》，〔明〕王龍溪著，廣文書局：民國 75 年 1 月再版。

18. 《何心隱集》，〔明〕何心隱著，北京中華書局：1981 年 11 月。

19. 《王心齋全集》，〔明〕王心齋著，日本嘉永元年刻本，廣文書局：民國 76 年 3 月再版

20. 《焚書・續焚書》，〔明〕李贄著，漢京出版社：民國 73 年 5 月初版。

21. 《大藏經》，第 35 冊，經疏卯三，新文豐出版社，民國 72 年 1 月修訂版。

22. 《楞嚴貫珠》，台灣印經處：民國 59 年 10 月出版。

23. 《略釋新華嚴經修行次第決疑論》，〔唐〕李通玄著，大乘精舍印經處印行，民國 84 年 1 月出版。

24. 《圓覺經略說》，南懷瑾著，考古文化事業公司：民國 84 年台再版。

25. 《大乘無量壽經白話解》，黃念祖著，蓮華精舍：民國 85 年 5 月。

二、近人專著類

1. 黃漢昌，《羅近溪學述》，政治大學中文研究所碩士論文：民國 72 年。

2. 黃淑齡，《明代心學中「光景論」之研究》，台大中文研究所碩士論文：民國 84 年 6 月

3. 牟宗三，《心體與性體》（冊一），正中書局：民國 74 年 8 月。

4. 牟宗三，《心體與性體》（冊二），正中書局：民國 74 年 8 月台初版。

5. 牟先生，《從陸象山到劉蕺山》，學生書局：民國 68 年 8 月初版。

6. 牟宗三，《王陽明良知教》，中央文物供應社：民國 69 年 4 月再版。

7. 牟宗三，《生命的學問》，三民書局：民國 69 年 6 月再版。

8. 牟宗三，《圓善論》，學生書局：民國 74 年 7 月初版。

9. 牟宗三，《現象與物自身》，學生書局：民國 73 年 4 月四版。

10. 牟宗三，《康德的道德哲學》，學生書局：民國 71 年。

11. 牟宗三，《理則學》，正中書局：民國 60 年出版。

12. 牟宗三，《中國哲學之特質》，學生書局：民國 71 年 5 月六版。

13. 牟宗三，《佛性與般若》（全二冊），學生書局：民國 73 年 9 月修訂四版。

14. 康德著，牟宗三譯，《判斷力之批判》（上下冊），學生書局，民國 81 年 10 月初版。

15. 唐君毅，《中國哲學原論：導論篇》，學生書局：民國 73 年

16. 唐君毅，《中國哲學原論：原性篇》，學生書局：民國 73 年 2 月全集校訂

版。

17. 唐君毅,《中國哲學原論:原教篇》,學生書局:民國 79 年 9 月全集校訂版。

18. 唐君毅,《生命存在與心靈境界》(上下冊),學生書局:民國 75 年 5 月全集校訂版。

19. 蔡仁厚,《宋明理學》(北宋、南宋篇),學生書局:民國 72 年 9 月增訂再版。

20. 蔡仁厚,《王陽明哲學》,東大圖書公司:民國 63 年。

21. 蔡仁厚,《儒家心性之學論要》,文津出版社:民國 79 年 7 月出版。

22. 蔡仁厚,《儒學的常與變》。東大圖書公司:民國 79 年 10 月

23. 杜維明,《人性與自我修養》,聯經出版社:民國 81 年。

24. 謝仲明,《儒學與現代世界》,學生書局:民國 75 年 2 月初版。

25. 馮耀明,《中國哲學的方法論》,允晨叢刊:民國 78 年 9 月。

26. 楊祖漢,《儒家之心學傳統》,文津出版社:民國 81 年 6 月。

27. 勞思光,《中國哲學史》(冊一),三民書局:民國 70 年。

28. 勞思光,《中國哲學史》(三上),三民書局:民國 70 年 2 月初版。

29. 荒木見悟等,《日本學者論中國哲學》,駱駝出版社。

30. 溝口雄三著,林右崇譯《中國前近代思想的演變》,國立編譯館:民國 83 年 12 月初版。

31. 林安梧,《存有、意識與實踐:熊十力體用哲學之詮釋與重建》,東大圖書公司:民國 82 年初版。

32. 陶國璋,《生命坎陷與現象世界》,香港書林出版社:民國 84 年 4 月一版。

33. 陳一峰,《陽明良知學之探究》,東海大學碩士論文:民國 73 年 6 月。

34. 高瑋謙,《王門天泉證道研究》,國立中央大學哲學研究所碩士論文,民國 82 年 5 月

35. 王財貴,《王龍溪四無說析論》,國立台灣師範大學國文研究所碩士論文,民國 80 年 6 月。

36. 林月惠,《良知學的轉折:聶雙江與羅念菴思想之研究》,國立台灣大學中文研究所博士論文,民國 84 年 6 月。

37. 陳來,《有無之境:王陽明哲學之精神》,北京:人民出版社,民國 83 年 3 月。

38. 黃俊傑,《中國古代思維方式》(國科會專題研究報告),國科會:民國 81 年 9 月出版。

39. 李明輝,《當代儒學之自我轉化》,中央研究院中國文哲研究所,民國 83

年6月初版。

40. 李明輝主編,蔡仁厚等著,《牟宗三與中國哲學之重建》,文津出版社:民國85年12月初版。

41. 高柏園著,《中庸形上思想》,東大圖書公司:民國77年3月。

42. 沈清松,《現代哲學輪衡》,黎明文化事業公司:民國74年。

43. 謝大寧,《儒家圓教底再詮釋:從道德形上學到溝通倫理學底存有論轉化》,學生書局:民國85年12月初版。

44. 印順法師,《初期大乘佛教之起源與開展》,正聞出版社:民國83年7月七版。

三、期刊論文類

1. 牟宗三,「儒家道德的形上學」,刊《鵝湖月刊》,第三期。

2. 牟宗三,「研究中國哲學的文獻途徑」,《鵝湖月刊》,民國74年7月。蔡仁厚,「王陽明對心性工夫的指點──《傳習錄,答陸元靜第二書》疏解」中華文化學報,創刊號。

3. 蔣年豐,「體現與物化:從梅勞龐帝的形體哲學看羅近溪與莊子的存有論」,《中國文化月刊》,第一○五期,東海大學:民國77年7月出版。

4. 龔鵬程,「羅近溪與晚明王學之發展」,《國立中正大學學報》,第五卷,第一期,民國83年10月出版。

5. 古清美,「羅近溪『打破光景』義之疏釋及其與佛教思想之交涉」,收錄於《佛教的思想與文化:印順導師八秩晉六壽慶論文集》一書,釋聖嚴等人編,法光出版社:民國80年出版。

6. 楊儒賓,「理學論辯中的『作用是性』說」,《漢學研究》第十二卷,第二期,民國83年12月。

7. 〔日〕森紀子,「王學的改觀及『生生』」,中國大陸:《寧波大學學報》人文版,1993年1月。

8. 謝大寧,「般若之兩種論式:以龍樹四句和智者四句為例」,《國立中正大學學報》第五卷第一期(人文分冊),民國83年10月。

9. 謝大寧,「試析華嚴法界緣起」,《國立中正大學學報》第一卷第一期(人文分冊),民國79年9月。

10. 謝大寧,「勝鬘經講記」(三),《香光莊嚴》季刊,民國85年12月出版。

11. 張亨,「程明道定性書之思想史意義」,《台大中文學報》,民國84年四月。

12. 吳冠宏,「陽明對《孟子.盡心章》之詮釋試探」,《中國文學研究》,台大中文研究所印行:民國83年5月。

13. 岑溢成,「王心齋安身論今詮」,《鵝湖學誌》第十四期,1995年6月。

14. 程玉瑛,「王艮與泰州學派：良知的普及化」,國立台灣師範大學歷史學報,第十七期,民國 78 年 6 月。

15. 岑溢成,「王心齋安身論今詮」,《鵝湖學誌》第十四期,1995 年 6 月。

16. Yu-yin Cheng（程玉瑛）：The Ethics of the Sphere Below (Hsia)：The Life and Thought of Ho Hsin-yin（何心隱）。《漢學研究》,第十一卷第一期,民國 82 年 6 月。

17. 羅義俊,「從存在的感受到存在的擔當：讀牟宗三先生《生命的學問》」,台北：第四屆當代新儒學國際學術會議論文,民國 85 年 12 月。

18. 戴璉璋,「《易傳》關於天人之際的論述」,鵝湖月刊第十五卷第八期。

19. 勞思光,「王門工夫問題之爭議及儒門精神之特色」,《新亞學術集刊》,第三期,民國 71 年。

20. 林安梧,「王陽明的本體實踐學：以大學問爲核心的展開」,國立台灣師範大學人文教育研究中心,《陽明學學術討論會論文集》,民國 78 年 3 月。

21. 楊國榮,「從現成良知說看王學的衍化」,《哲學與文化》,十七卷第七期,民國 79 年 7 月。

22. 楊國榮,「從良知的二重性看王學的深層內涵」,《孔孟月刊》,第二十九卷第三期。

23. 陳一峰,「陽明言物諸義之解析」,《中國文化月刊》,第六十二期,民國 73 年 12 月。

24. 李得財,「陽明慎獨思想之歷史傳承」,《中國文化月刊》,第一三三期,民國 79 年 11 月。